JN438665

비운다는 것은

비운다는 것은

박은희 수필집

수필과비평사

| 책 머리에 |

새로운 희망의 전주곡으로

며칠째 내린 눈이 온 세상을 하얗게 덮었습니다. 꽁꽁 얼어붙은 대지가 사람들의 손과 발을 다 묶어버린 듯 여기저기서 숨죽인 아우성이 들립니다. 얼어붙은 수도관은 날씨가 풀려 저절로 녹을 때까지 기다리는 게 상책이랍니다. 운동도 나들이도 할 수 없는 하루가 저물고, 내일은 더 추워질 거라는 기상예보에 한숨이 절로 납니다.

눈 때문에 아무것도 할 수 없다는 원망이, 다른 눈으로는 창밖의 풍경에 젖어봅니다. 산과 들이 하얗습니다. 굽이굽이 굴곡진 산등성이마다 보이기 싫은 흔적을 감춘 채 하얗게 포장을 드리웠습니다. 아마도 이 추위가 물러갈 때까지는 저렇게 웅장하고 도도한 모습을 간직할 거 같습니다.

어린 시절엔 눈에 대한 생각이 달랐던 듯합니다. 추운 줄도 모르고 눈 쌓인 들판을 뛰어다니며 해가 저물 때까지 놀던 생각이 납니다. 계절마다 다르게 다가오는 즐거움을 마음껏 누릴 수 있었던 시절입니다. 한참을 잊고 지냈는데 골목길 곳곳이 썰매장이 되었던 그때가 문득 그립습니다.

그때는 그랬습니다. 이제는 좋은 사람들과의 만남을 위한 외출이 망설여지는 계절을 살고 있습니다. 어제 만난 지인과도 헤어지면서 몸조심하라는 인사말을 남기고 왔습니다.

생각을 바꿔봅니다. 이렇게 한가하게 시간을 보내는 일이 얼마만인지 모릅니다. 좋은 책을 집어 들고 그분의 향기를 느껴보는 여유로움도 즐겁습니다. 세월은 빠르게 흘러 지난날을 추억하는 일이 잦아졌지만, 오랫동안 간직했던 꿈은 깨고 싶지 않습니다.

어릴 적부터 자기 의견을 마음껏 내놓지 못하는 성격은 안으로 삭히는 일이 습관이 되었습니다. 어느 날인가 모든 사람이 다 그렇게 사는 건 아니라는 걸 알게 되면서, 삭힘의 마음이 지옥이 되어 있음도 알았습니다. 그때 찾은 탈출구인 글쓰기가 막힌 마음을 뚫어주는 바늘구멍이 되었는지 써 놓고 나면 마음이 후련하여 답답함이 가셔지곤 했습니다. 좋은 말보다는 불만이나 원망의 말이 많았습니다. 잘 알면서도 마음이 여유롭지 못해 같은 실수를 반복하는 삶을 살았고, 그것을 적어 놓았습니다. 체계적인 정리를 위해 수업修業을 시작했지만, 마음속 응어리가 단단하여 쉽게 깨부수지 못하는 공부가 제자리걸음입니다.

부끄러운 기록을 활자화하겠다는 생각을 하기까지에는 강돈묵 교수님이 계셨습니다. 분명 용기는 아니었습니다. 다만 지켜보는 분들에게 다시는 뒤돌아보지 않겠다는 약속으로 결심을 하였습니다. 이렇게 책으로 묶어서 내는 뜻은 앞으로는 희망의 노래를 부르기 위함입니다. 이 전주곡을 계기로 희망만 노래하는 사람으로 살아보리라 다짐해 봅니다. 깨달음이 늦은 만큼 감사하는 마음으로 살겠습니다.

2013년 1월

■ 목차

세상 배우기

사랑 그리고 이후

어떤 인연

하나 그리고 셋

두 번 가는 길

1
세상 배우기

말과 말

말을 하는 사람과 말을 듣는 사람, 말을 잘하는 사람이 있다. 어느 곳에서든 그 자리에 어울리는 주제를 끌어내어 좌중을 이끄는 사람. 당연한 이야기인데도 그 사람의 목소리로 들으면 더욱 신뢰를 주는 말솜씨를 가진 사람을 가리켜 우리는 말을 잘한다고 한다.

모임에 나갈 때마다 느끼는 일이다. 많은 사람 앞에서 단연 두각을 나타내는 그녀. 누에고치에서 실을 뽑아내듯 말을 풀어내어 우리 모두에게 긍정의 사인을 받아내는 그녀가 바로 그런 사람이다. 우리 중 누구도 그녀의 의견에 불만을 말하는 사람은 없다.

오늘은 다르다. 그녀가 자리에 없는 사람을 향해 거친 말을 쏟아 놓는다. 이야기를 하는 사람이야 그럴만한 이유가 있다지만 아무런 준비도 없이 그것을 듣고 있어야 하는 사람은 이 자리가 편치 않다.

나는 남의 말을 듣는 편에 속한다. 생각은 있으나 상대가 어떻게 받아들일지 몰라 표현을 못하고 말을 아낀다. 그러다보니 엉뚱한 오해를 받고 억울한 심정을 참지 못해 애태웠던 일이 종종 있었다. 그때마다 내 마음속을 꺼내 보여 줄 수도 없고, 기껏 생각을 정리해서 표현하려 해도 변명으로 보일까 염려되어 그냥 주저앉았던 적이 많았다.

직접 듣는 말과 전해 듣는 말

기어이 일이 터지고 말았다. 어디서부터 잘못된 것인지 꼬리를 물고 이어지는 말싸움은 끝이 없다. 서로의 입장 차이에서 오는 주장이라지만 누구에게도 득이 되지 않는 논쟁이다.

답답하다. 상대의 입장에서 보면 그냥 넘어가기 힘든 억울한 일이 되어버렸다. 시간이 갈수록 매듭은 더욱 단단히 조여지고 해결책 없는 논쟁은 끝이 보이지 않는다. 가까운 사이에 그냥 듣고 말았으면 될 일을 어찌 와전된 것인지 상대방의 흥분은 잦아들지 않고 있다. 나 자신을 귀하게 생각하자는 토론의 장이었는데 어째서 이야기의 핵심이 변질되었는지 모르겠다.

칭찬과 질책

사람을 면전에 두고 칭찬하는 일은 쉽지 않다. 그렇다면 보이지 않는 곳에서 칭찬을 아끼지 않는 사람은 더욱 돋보이는 인품을 지닌

게 확실하다. 대개는 사람이 없는 자리에서 칭찬보다는 험담을 하는 게 보통인 세상에 내가 그 자리에 있었던 것은 실수였다.

말하기 전, 아니 말을 전할 때 한 번 더 생각하는 신중함이 있었더라면 어땠을까. 어렵게 시작한 취미생활에 재미를 붙이지 못하고 방황할 때 나에게 용기를 주었던 그녀. 마음의 문을 닫아버렸으니 주위의 위로가 들릴 리 없다. 서로의 감정이 격한 상태에서 전해진 말은 상황을 더욱 악화시킬 뿐이었다. 그렇게 당연한 이치를 알면서도 뾰족한 해결책이 없었던 것은 서로의 주장이 강한 때문이다. 결국 누구도 잃고 싶지 않아 애를 태웠던 이번 사건은 주변 사람들에게 안타까움을 남긴 채 끝이 났다.

새겨야 할 말과 지워야 할 말

상대방의 말은 듣지 않고 자기 말만 하는 사람이 있다. 누가 무슨 말을 하는지 관심이 없고 자기 의견만 중요하다. 그런 사람일수록 자기 마음대로 생각하고 결정해서 상대를 오해하고 상처를 받는다. 돌이켜보면 나에게도 그런 일은 많다.

어머님에 대한 기억은 늘 가슴 한편을 아프게 한다. 아들의 여자로 처음 찾아뵌 자리에서 나의 존재는 아랑곳하지 않고 하실 말씀을 다 하시던 모습이 오랫동안 상처로 남았다. 그날의 상처가 결혼 후에도 쉽게 치유되지 않았던 것은 사람에게 말이 주는 의미가 얼마나 큰 것인지 알 수 있는 대목이다. 그때 나에게 심하게 했던 말은 다시 주워 담을 수 없었고, 나는 그날의 기억이 잊히지 않는 것이 문제였다.

그럴 수 있는 일이라 생각하고 살았으면 어땠을까. 부모님 입장에서 당연한 일이라 여기고, 잊었으면 좋았을 걸 그랬다. 애쓰고 노력했지만 마음을 열지 못하고 지나온 세월은 나의 삶에 득이 되지 못했다.

이제 목젖까지 치받히던 억울함을 말하지 못한 채 가슴 태우던 그때 일은 옛일이 되어버렸다. 그 순간 너무도 절박했던 상황도 시간이 지남에 따라 아무것도 아닌 일이 될 수 있다는 것을, 세월은 가르쳐 주었기 때문이다. 그 모든 일을 상대의 입장에서 생각하여 한 발씩 물러섰더라면 삶이 그렇게 팍팍하지 않았을 것이다. 새겨야 할 말과 잊어야 할 말을 분별하여 대처하는 지혜를, 좀 더 일찍 터득하였더라면 훨씬 풍요로운 삶을 살았을 것이다.

변명 그리고 위로

의사는 X-레이 필름을 전광판에 붙여놓고 치료 준비를 하고 있다. 나는 앙상한 뼈만 보이는 사진 속의 손을 들여다보며 다친 손가락을 찾아본다.

"많이 아프셨을 텐데. 이리될 때까지 참으셨어요?"

"원래 잘 참아요."

예리한 침을 놓아 피를 빼내는 의사의 손놀림은 머뭇거림이 없다. 나는 의사의 얼굴을 보지 않으려 고개를 돌린 채 눈을 감아버렸다. 신기하다. 그의 손에 맡겨진 내 손은 금시 편안해지고 있었다. 통증 때문에 밤새 잠을 설쳤는데, 부어오른 손가락은 염증을 만드느라 그리 아팠던 모양이다. '오늘부터 밥~ 하지 마세요.' 의사는 치료를 끝낸 손에 붕대를 감으며 환자에게 다짐을 받는다. 붕대의 크기만으로 금시 중환자가 되었다.

아이스크림을 사 오라는 아이들 전화를 받은 건 집에 돌아오는 길에서였다. 슈퍼마켓의 '미시오.' 문을 당겼을 때 반쯤 밀리던 문은 더 이상 열리지 않았고, 급히 닫히는 문에 내 손이 끼고 말았다. 식은땀이 흠씬 나는 통증을 느꼈지만 내 부주의로 생긴 일이라 누가 볼세라 서둘러 가게를 나왔다.

통증 때문에 뜬눈으로 밤을 새웠지만 아침이 되자 나의 발걸음은 부엌으로 향한다. 늘 그렇다. 그것은 지나온 삶이었고 현실이었다.

거절할 수 없는 모임에 초대를 받았지만 오늘도 구석자리 지킴이가 되어 있다. 그들과 한목소리가 되어 웃고 떠들며 즐거워야 했지만 이미 몇 차례 술잔을 거절했으니 어색한 분위기는 당연하다. 일행은 다음 코스로 노래방에 간다. 그곳에서도 나는 어울리지 못한다. 집에서는 곧잘 흥얼거리던 노래가 한 구절도 생각나지 않으니 제대로 된 노래는 부르지 못했다. 다시는 이런 자리에 끼지 않겠다는 다짐으로 도망치듯 빠져나오는 뒤통수가 후끈 달아오른다.

옛날에도 그런 일이 있었다. 지인의 초대를 받고 흥미 반 조심스러움 반으로 찾아 나선 곳은 고급 호텔의 나이트클럽이었다. 유명 연예인을 지척에서 볼 수 있다는 호기심에 따라나섰던 젊은 날, 태연한 척 촌스럽지 않으려 해 보지만 친구들은 나를 재미있어 했다. 인사말이 끝나고 행사가 중반에 접어들자 음악이 흐르고 객석에 앉아 있던 연인들이 손을 잡고 무대로 나간다. 그들의 모습을 보면서 나도 영화 속 주인공이 된 듯 상상 속의 멋진 춤을 추어

보았다.

내 앞에 우뚝 선 신사가 손을 내미는 걸 알지 못했다. 잠시 후 사태를 알아차린 나는 당황한 낯빛으로 손사래를 쳤다. 외모에서 풍기는 정중함을 믿고 함께한 자리였는데 친한 사이라도 되는 듯 조르는 태도가 무례하다. 순간 그의 손을 뿌리치고 일어섰다. 의기양양하던 그가 어이없다는 표정으로 나를 빤히 쳐다보는데 얼굴에는 조소가 가득하다.

"그럴 거면 집에 얌전히 계시지 무엇 땜에 왔소."

남자의 말이 귓전을 울리고 주위의 시선은 나를 향하고 있었다. 돌아볼 겨를도 없이 화끈거리는 얼굴로 십여 층 까마득한 계단을 뛰어 내려왔다. 마음속으로 다시는 이런 자리에 오는 일은 없을 것이라 다짐을 하였다.

그때의 다짐이 살아가는 데 마음의 짐이 되었을까. 남에게 보여질 내 모습에 큰 비중을 두고 살았던 것 같다. 다른 사람에게 폐가 되지 않으려면 말을 참아야 했고, 행동은 눈치를 봐야 했다. 아무도 강요하지 않았지만 그날의 외출로 세상을 다 알아버린 듯 마음의 빗장을 걸고 살았다.

남을 의식하지 않고 소신껏 사는 사람을 부러워하면서도 나와는 다른 부류의 삶으로 무관심하기도 했다. 걸어온 길을 후회하기보다는 앞으로의 삶이 중요하기에, 가슴속 원망도 날려 보내야 했다. 나라고 그렇게 답답한 삶을 살고 싶었을까. 그것은 감추어진 마음일 뿐 가끔은 잠재되어 있는 꿈을 꺼내보면서 일상으로의 탈출을 꿈꾸며 살았다. 다시 찾아온 저녁, 식사 준비를 위해 싱크대 앞에 선다. 다친 손끝에 물이 닿으니 쏴-한 아픔이 전해진다.

역지사지易地思之 1

층계를 오르내리는 소리가 부산하다. 가구를 옮기고 못을 박느라 내는 거친 소음이 참기 힘들다.

"가능하면 못은 더 박지 말고 전에 있던 것을 사용해 주세요."

"네."

망치를 들고 서 있는 청년의 대답 속에 불만이 배어 있다. 머쓱해진 내가 돌아서 올라오는데 다시 못 박는 소리가 집을 울린다. 치밀어 오르는 화를 참으며 아래층 쪽을 노려본다.

내 집을 갖는 것이 소원이었던 시절, 이사 다니는 일은 연례행사였다. 내 의지보다는 주인댁 사정에 의해서 이사는 이루어졌다. 요즘처럼 곳곳에 부동산중개업소가 있던 시절이 아니었기에 온 종일 발품을 팔아 더 좋은 환경을 찾아 걷고 또 걸었다. 겨우 세 든 집에서도 우린 언제나 주눅 든 사람이었다.

식사를 못했다는 남편을 위해 밥상을 차린다. 쨍그랑 양철상 위에 놓였던 숟가락이 내려앉으며 밤의 정적을 깬다. 남편은 눈을 크게 떠서 나의 조심성 없음을 나무랐다.

요즘 사람들은 다르다. 늦은 시각 조용한 집에 하이힐 소리가 요란하다. 어느 집으로 들어가는지 알 수 있는 낯익은 발걸음 소리다. 옆집 새댁은 퇴근하는 남편을 맞으며 쓰레기봉지를 내민다. 서류가방과 바꾸어 든 쓰레기봉지를 들고 층계를 내려서는 신랑을 나는 모른 척해준다. 곧이어 뛰어 올라오는 앞집 신랑의 손에는 아이스크림이 들려 있다. 반바지차림의 새신랑이 나를 보자 쑥스럽게 웃는다. 다양한 직업을 가진 신세대부부가 여러 세대 세 들어 있는 우리집은, 내가 오래전부터 꿈꾸었던 집주인이 되어 그들과 어울려 함께 사는 나의 사업장이다.

오늘 이사 온 세입자는 신혼부부가 아니다. 청년처럼 보였던 아들은 중학생이란다. 예쁜 누나를 둔 남동생이 아버지를 대신하여 무거운 짐을 운반하고 있었다. 퇴근하여 가족과 합류한 아버지는 점잖은 풍채의 신사이다. '이런 곳에서 살 분이 아닌데.' 고개를 갸웃했지만 사연이 있을 것이라 짐작하고 말을 아낀다.

땅거미가 질 무렵까지 기다려도 소식이 없다. 집주인과 세입자가 치러야 할 절차를 거치지 않은 상황이 시간이 지날수록 초조하여 나는 문 소리에 촉각을 세우고 있다.

약속을 지키지 못한 사람의 변명이 장황하다. 잘나가던 사업가였단다. 아이는 대학을 가야 하고 학교는 서울로 보내야 한다는 부부는 의지에 차 있었다. 지금 당신들이 처한 상황에 맞지 않는 설명에 나는 할 말을 잃었고 며칠 시간을 달라는 부부는 당당하다.

몇 해 전 내 아이의 진로를 고민하던 중 분수에 맞지 않는다며 서울로의 진학은 절대 안 된다는 결정을 내렸었다. 우리 아이들 입장에서 보면 그들 부부의 판단은 부러움의 대상이 될 것이다. 내 보기에 그들의 결정은 금시 후회를 낳을 것이란 확신이 있지만, 내 아이에겐 미안한 일이 되고 말았다. 그들의 생각이 실현 가능한 일인지. 내겐 아이들에게 들려 줄 이야기가 있다.

큰애가 걷기 시작할 무렵 새로운 집에 이사를 했다. 별 수 없는 셋방살이에 왜 그리 자주 이사를 다녔는지. 이번엔 걸음마를 시작한 아이를 위해 층계가 없는 집을 찾아서였던 것 같다.

텔레비전 앞에서 만화영화에 빠져있는 아이의 집중력에 밀려 어른들은 뒷전에 있다. 아까부터 주인댁 안방을 차지하고 앉아 꼼짝 않는 아이는 밥 먹는 것, 잠자는 것을 잊어버렸다. 싫은 내색을 못하는 주인댁의 호의가 세입자로서 여간 부담스러운 게 아니다.

텔레비전을 사기로 했다. 경제적 부담이 만만치 않아 할부로 구입하려면 주인댁에서 서류상 보증을 서야 하는 절차가 필요했다. 주인아주머니에게 조심스럽게 사정을 설명해 본다. 대답은 단호했다. 남의 집에 세 살면서 고가의 텔레비전을 구입하려는 우리의 생각을 이해할 수 없다는 것이다.

거절당했다는 수치심은 서러움으로 이어졌다. 내 딴에 망설임 끝에 말씀 드렸는데 단번에 묵살해버린 주인아주머니의 냉정함이 섭섭했다. 빨리 내 집을 장만해야 한다는 다짐은 그때의 자존심이 가져다 준 오기였다.

절약은 생활이었다. 최소한의 교육비를 고집하면서 아이들의 성적은 최고이길 바라는 엄마가 되는 걸 주저하지 않았다. 스스로 정해놓은 룰을 벗어난 지출은 용납할 수 없다는 고집이 부작용도 동반했다. 종종 벌어지는 언쟁 속에 아이들의 가시 돋친 말이 아프다. 믿었던 아이들이 묵은 감정을 들춰내며 눈물을 보이는 것도 어미는 상처가 되었다. 나름대로 확신이 있었는데 나의 가치관을 정면으로 반박하는 남편의 공격도 충격적이었다.

아래층 부부는 약속한 날짜를 두 번 어기고도 여전히 기다려 달라 한다. 계획대로 아이를 서울에 있는 대학에 보내느라 나와의 약속은 뒤로 밀렸다 한다. 사과는 커녕 세입자에게 우세하다는 법 운운하며 당당한 그들에게 더 이상의 진실은 기대할 수 없었다.

그 집 앞에 선다. 대형 텔레비전 앞에 모여 앉은 가족의 모습이 한가롭다. 방안 가득 쌓여 있는 가재도구는 언뜻 보기에도 고가품이지 싶다. 지금 그들이 처한 상황이 안타깝기보다는 한심하다는 생각이 드는 건 내가 집주인이 되었기 때문일까. 그들에게 나의 충고가 주제 넘는 일이 아니길 바라는 마음으로 나의 가치관의 정당성을 되짚어 본다.

지독한 엄마로 낙인찍히면서도 당당할 수 있었던 것은 겸손해야 한다는 다짐 때문이었다. 당시 짧은 소견으로 주인아줌마를 잠시 원망했지만, 그날의 교훈은 내 삶의 지표가 되었고, 나도 모르게 그 분을 닮으려 했음도 부인할 수 없다. 두고두고 그분의 지혜에 감사했지 않은가.

홀로서기

인터넷에 오른 애도의 글을 보고 있다. 한창 나이에 스스로 죽음을 택한 어느 연예인의 이야기가 종일 뉴스거리가 되고 있다. 텔레비전을 통해 자주 얼굴을 접하던 그녀는 도도하면서도 청순한 이미지가 좋아서 나도 좋아하는 배우였다. 어떻게 그런 결심을 할 수 있었을까. 보통사람의 상식으로는 도저히 납득할 수 없는 그녀의 선택을 놓고 사람들은 안타까워하고 있다. 어떤 죽음이 슬프지 않을까마는 나는 또 하나의 얼굴을 떠올린다.

그녀와의 만남을 생각하면 얼굴부터 뜨거워진다. 그날 학교에서 돌아오던 딸애가 아빠가 어떤 여자랑 호프집으로 들어가는 것을 보았다며 헐레벌떡 뛰어 들어왔다. 큰일이라 호들갑을 떠는 바람에 체신도 없이 아이를 따라나섰다.

여자는 고개를 떨어뜨리고 있었다. 맥주잔을 앞에 놓고 내가 들어서는 것도 모르고 남편과 여자는 마주앉아 있었다. 잠시 후 나를 발견한 남편이 자리에 앉으라고 했지만 나는 떨리는 가슴을 들킬세라 허둥지둥 그곳을 빠져나왔다. 바로 뒤따라 나올 줄 알았던 남편은 밤이 깊도록 돌아오지 않았다. 분위기로 보아 남편은 그 여인에게 뭔가 잘못이 있을 것이다. 그러기에 발목을 잡혔을 것이라는 확신은 시간이 지날수록 굳어지고 있었다. 떨리는 손으로 전화기 버튼을 누른다.

"지금부터 십 분 안에 들어오지 않으면 우리는 이혼이니 그리 아세요."

그러나 자정을 넘기고 들어온 남편은 나의 말은 무시한 듯 '남의 부부 이혼 막으려다 내가 이혼당하겠네.' 하며 곯아떨어졌다. 잠이 든 남편을 지켜볼 수밖에 어찌할 수 없었던 그날 밤, 내가 겪어야 했던 마음고생은 몇 년의 수명을 단축시키고도 남는 것이었다.

남편은 그녀를 친구 부인이라 했다. 그들 부부의 문제를 해결해 주려고 오랜 시간 이야기를 나누다 보니 그리되었다고도 했다. 남편의 말은 믿을 수 없다. 그녀를 만난 곳이 술집이라는 것에 의심의 끈을 놓을 수 없어 더욱 화가 났다. 그때 여인이 나를 찾아왔다.

아이를 둘씩이나 낳은 여자라고 볼 수 없을 만큼 앳된 얼굴이다. 마땅한 호칭이 없으니 언니라 부르겠다며 살갑게 다가서는 그녀가 밉지 않았다. 그들 부부의 문제는 남편의 외도였다. 법 없이도 살 사람이란 평을 받던 남편이 여자 문제만은 예외였는지 아내 몰래

딴살림을 차렸단다. 들통이 나자 정리를 했다지만 후유증은 심각해서 부부는 매일 서로 할퀴며 상처를 내고 있었다. 우리 남편이 그들 부부를 화해시키고자 저녁을 같이한 자리였는데 식사도중 부부는 또 싸웠고 남자는 식당을 나가버렸다. 할 수 없이 부인을 붙잡고 친구를 용서해 달라고 사정을 했단다.

그녀는 자주 나를 찾아와 하소연을 했다. 어린 나이에 결혼을 해서 안 해 본 일 없이 열심히 산 그녀로서는 감당할 수 없는 일이었다. 다 지나간 일이니 잊고 살라고 설득해 보지만 상처받은 여린 속을 달래기엔 미흡했던 모양이다. 술친구를 해달라더니 대뜸 내 나이를 묻는다.

"휴. 언니만큼 살려면 십 년도 더 살아야 하네. 시간이 빨리 갔으면."

나는 그녀의 섬뜩한 말에 깜짝 놀랐다.

"너는 나보다 십 년이나 젊으니, 내가 먼저 죽더라도 가끔 우리 남편도 챙겨주고 그래라."

상심이 큰 그녀를 위로한답시고 해 본 말인데 어떤 말도 상처를 치유할 수 없었던 것일까. 그녀가 빙그레 웃으며 술잔을 기울인다. 괴로움을 잊겠다고 술을 배운 그녀가 밥은 먹지 않고 술만 먹는다. 고기 안주를 시켜 놓고 자기는 술을 먹고 안주는 나보고 먹으란다. 같이 먹자고 달래 보지만 술에도 칼로리가 있으니 걱정 말라며 손을 내젓는 그녀의 허허로운 웃음이 공중에서 부서졌다.

'자살과 타살' 입에 올리기조차 끔찍한 단어를 놓고 나는 며칠째 생각 중이다. 경찰이나 병원에서도 모든 조사가 끝났고, 가족들도 수긍한 일이지만 나는 못내 석연치 않은 것이 있어 그녀와 끝없는 대화를 하고 있다.

사진 속 그녀의 모습은 생시와 같았다. 활짝 웃으며 나를 맞는 그녀가 왜 그곳에 붙박여 있는지, 나는 할 말을 잃은 채 서 있다. 어젯밤 나와 저녁시간을 함께했는데 어째서 그녀의 얼굴이 하얀 국화꽃 속에 파묻혀 있는지 알 수가 없다.

"왜 그랬어. 잘 보고 다니지."

교통사고다. 나와 헤어진 후 아이들을 보러 가던 길이었나 보다. 술 취한 어미의 손에는 통닭꾸러미가 들려 있었단다. 그렇게 가는 것이 남편과 아이들의 틈바구니에서 헤어날 수 있었던 마지막 보루였을까. 문득 그녀의 못다 한 삶이 떠오를 때면 왜 진즉 홀로서기에 도전하지 못하고 가족의 일부분으로만 살아야 했는지 안타깝기만 하다.

몇몇 주변 사람들에게조차 잊히고 있는 그녀의 존재는, 재능과 젊음이 아깝다며 발을 동동 구르는 유명 연예인의 죽음과 어떻게 다른 것인지. 오늘도 믿어지지 않는 그녀의 부재를 확인하면서, 나의 홀로서기를 점검해 보는 이기심으로 그녀를 기억한다.

몽환夢幻

어머니는 검은 그림자로 내 머리맡에 앉아 계셨다. 자세를 곧추 세우고 내려다보는 모습이 생시와 똑같았다. 꾹 다문 입술로 묵묵히 쳐다보셨지만 하실 말씀이 무엇인지 나는 이미 짐작하고 있었다. 무어라 변명을 해야겠는데 어찌된 일인지 말이 목젖에 매달린 채 소리가 되어 나오지 않았다.

섬뜩한 기운에 눈을 떴다. 설핏 잠이 들었던가 보다. 어머니는 이곳의 상황을 알고 오신 것일까. 동생이 겪고 있는 위기가 어머니에게 전달된 것인지 편히 계시지 못하고 오신 걸 보면.

이른 아침 자지러질듯 울리는 전화벨 소리에 잠을 깼다. 수화기를 통해 들려오는 낯선 여인의 독설이 머리카락을 쭈뼛 서게 한다. 채권자라 밝히는 앙칼진 목소리가 동생을 찾아내란다. 언니라는 이유로 차마 옮길 수 없는 말로 빚 독촉을 받아야 했다. 식구들이 깰까 숨죽인 통화는 조바심이 일었다. 형제애, 사랑. 미움, 숱한 낱말을 다 동원해도 내가 받은 상처를 치유할 길이 없다.

가라앉지 않는 심장의 떨림을 어쩌지 못하고 버릇처럼 산에 오른다. 가을의 끝자락에 접어든 산사의 벌거벗은 나무들이 내 마음처럼 을씨년스럽다. 낙엽을 밟는 발걸음이 조심스러운데 휴대폰 소리가 정적을 깬다.

동생이다. 부모님이 안 계시니 맏이인 내게 모든 책임이 주어지는 것은 당연한 일이라 자위하며 살았다. 그러나 문제가 생길 때마다 구원을 요청하는 동생이 부담스러웠고, 매번 수습해 놓고 돌아서면 물거품이 되어버리는 결과에 화가 나는 일이 반복되고 있다.

어릴 적 부모님께서 집을 비우신 날이면, 동생은 으레 나만 따라다녔다. 내 친구들과도 스스럼없이 어울리는 붙임성이 때론 부럽기도 했지만, 대개는 버릇없는 행동으로 언니인 나의 체면을 깎아내리기 일쑤였다. 나무라고 달래고 친구들의 눈치를 보면서 온 종일 동생의 벗이 되어 놀아주는 일이 쉽지 않았다. 땅거미가 내려앉을 무렵 놀이에 싫증이 난 동생에게 부모님께서 돌아오실 길목으로 나가보자는 제안을 한다.

은행나무 밑에서 동생을 데리고 나란히 앉아 있다. 어둠이 짙어지면서 풀벌레가 종아리를 간질이면 동생은 내 곁에 바싹 붙어 앉는다. 자매는 멀리 하얗게 신작로만이 윤곽을 드러내는 동네어귀를 보고 있다. 아버지의 큰 그림자를 누가 먼저 발견하나를 놓고 내기를 하고 있는 중이다. 이번에도 나는 지고 말 것이다. 동생이 자기가 먼저 아버지를 찾았다고 우길 것이 뻔하기 때문이다.

우리 곁을 지나던 동네 어른들이 누구네 딸들이냐고 물으신다. 머뭇거리는 언니 대신 또랑또랑 대답하는 동생의 얼굴을 들여다보시던 어른이 '동생이 낫구먼.' 하신다. 금시 환한 얼굴이 되어 나를 쳐다보는 동생의 표정이 의기양양하다.

밝고 야무진 성격은 타고난 듯하다. 맑은 눈에 하얀 피부 이목구비가 뚜렷한 동생을 사람들은 미인이라 했다.

동생이 나보다 예쁘다는 주위의 찬사는 어릴 적 잠깐을 제외하고는 늘 자랑스러웠다. 좋은 것 편한 것만 찾는 동생의 인생도 탄탄대로를 달리고 있었다. 그렇게 순탄한 삶이 가끔은 위태롭게 보였지만 이미 내 염려 같은 것은 그의 자신감 넘치는 행동에 묻혀 제동을 걸 수 없었다. 조금만 겸손했으면 하는 바람도 성인이 된 동생에게 언니라 해서 강요할 수 없었다.

사업수완도 좋았다. 귀히 여겨 주시는 시부모님과 자상한 남편의 관심 속에 자신의 능력을 마음껏 보여주는 두 번째 사업이 시작되는 날 개업식은 성대했다.

축하의 자리지만 자매는 눈인사만 주고받았을 뿐 이야기를 나눌 시간은 없다. 바쁜 동생을 먼발치서 지켜보다 집으로 향하는 언니의 마음은 서운함과 흐뭇함이 교차했다. 언제나처럼 사람들에게 변함없는 사랑을 받고 있는 동생이 잘살고 있으려니 믿고, 한동안 연락이 없는 상태로 안심하고 있었다. 그런데 불쑥 동생이 찾아왔다.

동생이 나를 찾아오는 일은 여간해서 없었다. 그의 머뭇거림이 평소답지 않다. 웃음을 거둔 얼굴은 까만 기미로 얼룩져 있고 이토록 진지한 적이 없었기에 일의 심각성을 짐작할 수 있었다. 긴장된 순간이다.

동생의 설명이 시작되었다. 채권자들에게 쫓기고 있단다. 지금 해결하지 않으면 법정에 서게 될지도 모른다며 초조한 기색이 역력하다. 동행한 제부는 정신이 없는 듯 말없이 뒷전에 서 있다. 평소 처형을 어려워하던 그가 이곳에 오기까지 얼마나 힘들었을 것인가는 짐작하고도 남는 일이다. 언니로서 외면할 수 없다. 그러나 냉정해야 했다.

몽환이다. 몽환은 꿈속의 상황이 현실보다 더 진실되게 보이는 것이라 한다. 깊은 잠을 자고 나면 나아질까 기대했지만 마음은 점점 빠져나올 수 없는 늪에서 허우적거리고 있다. 신은 나를 시험하기 위해 이처럼 곤혹스런 상황을 만든 것일까.

어머니를 생각한다. 살아계실 때 핏줄의 끈끈함을 강조하시던 어머니. 동생이 미워지기 시작하면서 어머니는 내 원망의 대상이 되었다. 모든 짐을 나에게 맡기고 떠나신 어머니. 꿈속에서라도 한번 뵙고 하소연하고 싶다는 나의 간절한 소망은 그렇게 이루어진 셈이다.

금시 후회할지도 모르는 결정을 내려놓고 하늘을 본다. 이것으로 동생의 환한 얼굴을 다시 볼 수 있다면 몽리夢裏를 따를 수밖에.

화해

'싸움의 기술'이란 영화제목에 이끌려 텔레비전 앞에 앉았다가 바로 채널을 돌리고 말았다. 말도 안 되는 트집으로 제자를 괴롭히는 대장을, 멀쩡하게 생긴 청년이 사부님이라 부르는 것도 모자라 맹목적으로 믿고 충성한다. 영화 속 주인공의 행동이 어찌나 속이 터지고 화가 나던지 실없이 웃고 물러난 적이 있다. 무엇을 기대 했던가. 내 딴에 심각한 고민이었는데, 그 기술은 배울 수도, 얻을 수도 없다는 것을 알았다.

지금껏 남하고 싸워본 적이 없는 것을 자랑으로 삼았다. 예쁘다는 말보다는 착하고 순하게 생겼다는 말을 칭찬으로 알았지 않은가. 그렇게 나 자신을 단속하며 살았는데 어쩌다 일이 여기까지 왔는지 그 모든 것이 옛날 일이라도 되는 것처럼 아득하다.

해마다 돌아오는 명절이 시들해진 것은 그 일이 있고나서부터이다. '더도 덜도 말고 한가위만 같아라.'는 추석명절. 매스컴에서는 차량행렬이 꼬리를 물고 이어지는 고속도로 상황이 실시간 중계되고 있었다.

민족의 대이동이라는 추석명절. 텔레비전 화면은 재래시장의 한산한 전경과, 북적이는 백화점 풍경이 번갈아 비춰지고 있었다. 경기침체로 시름에 잠긴 재래시장 상인들의 얼굴이 클로즈업 되더니, 잠시 후 한 아름 선물꾸러미를 안고 백화점을 나서는 귀성객의 밝은 모습이 보인다. 이 모든 것이 나하고는 상관없는 일인 양 외면해 보지만 명절이 주는 부담감은 떨쳐내기 힘들다.

내 어머니는 명절이 다가오면 분주하였다. 차례상에 올릴 음식을 장만하느라 바빴고 자식들의 빔을 마련하는 것도 빼놓을 수 없는 일이었다. 세월은 나를 그때의 어머니 나이에 올려놓았으나 아무것도 할 일 없는 명절전야, 우두커니 텔레비전을 보고 있다. 이 상황은 내가 바란 일이 아니다. 달리 말하면 내 스스로 내려놓은 짐이기도 하건만, 이렇게 마음이 편치 않은 것은 무슨 조화인지 모르겠다.

큰 아이가 대학을 졸업하는 날이었다. 진로가 정해지지 않아 부모 앞에 풀이 죽어 있는 아이가 홀로 집을 나선다. 모르는 척 뒤따라갈 양으로 나도 외출준비를 한다. 그때 전화벨이 울렸다. 아버님이시다.

벽시계를 올려다본다. 말씀 중이니 전화를 끊을 수 없다. 아이와의 약속 시간을 넘기고 있었지만 초조함을 내색할 수도 없다. 언제나 그랬다. 아무 때나 전화를 하여 이쪽 사정은 아랑곳하지 않고 일방적인 요구가 이어진다.

오늘은 강도가 더 높아졌다. 당신의 막내아들에게 집을 사주라는 것이다. 형으로서 해야 하는 당연한 의무란다. 그럴 수 없는 형편임을 설명해 보지만 내 이야기는 들으려 하지 않고 장황한 말씀이 막무가내시다. 통화는 길어졌고 장남의 의무이고 도리만을 강조하시는 아버님을 어떻게 설득할 재간이 없다.

처음은 아니다. 좋은 날보다는 나쁜 날이 더 많았던 그분과의 대화는 언제나 내게 상처로 남았다. 결혼 후 해를 바꿔가며 싸움과 화해를 반복하는 사이였으니 새삼스럽게 놀랄 일도 아니다. 언제 끝날지 모를 통화에 수화기를 내려놓고 졸업식장으로 뛰어가는 어미의 마음만 바쁘다.

졸업식은 이미 끝나 있었다. 수많은 축하객 속에서 어미를 찾았을 아이를 한참 만에 교문 앞에서 만났다. 졸업장을 받기까지 가족들 누구 하나 아이가 겪었을 고초를 알아주지 않았던 외로운 길. 어미조차도 아이의 진학을 축복하기보다는 불안한 시선으로 지켜보지 않았던가. 첫 손녀가 이만큼 자랄 때까지 관심 한번 주지 않던 분들이 하필 오늘, 말도 안 되는 일로 졸업식을 망치다니 온통 축제 분위기인 그곳에 초라한 우리 모녀만이 덩그러니 남겨졌다.

전화번호를 바꿨다. 밤낮없이 걸려오는 부모님 전화로부터 해방되려면 그래야만 했다. 내색하지 못한 채 숨죽여 살았던 지난날을 돌아보지 않더라도, 당신들의 막내자식에게 쏠리는 부모사랑까지 맏이에게 떠넘기는 것을 어떻게 받아들이란 말인가. 더 이상 이렇게 살 수는 없다. 친정어머니와 약속한 시집살이의 시효기간도 두 번이나 넘겼지 않은가. 이제 지하에서 보고 계신다 해도 어쩔 수 없다.

맏이 노릇을 포기하니 몸은 편하다. 만원버스에 시달리지 않아도 되고, 복잡한 시장에 가지 않아도 되니 얼마나 좋은가. 그렇게 자위하며 당당하려 애쓰며 살았다. 그런데 내 힘으로 안 되는 일이 생겼다.

할머니를 뵈러 가겠다는 아이와 마주 앉았다. 아이는 그분들의 손자이다. 할머니와 어미의 생각이 달라서 벌어진 일을 설명해야 하는데 아이가 어떻게 받아들일지 몰라 당황한다. 아니다, 마음 한쪽에선 어른들의 문제를 아이에게 말하고 싶지 않았는지도 모르겠다.

부모님 대신이라며 의젓하게 집을 나서던 아들의 뒷모습이 어른거려 온종일 안절부절 서성였다. 어디쯤 갔을까. 집을 나선 지 서너 시간이 흘렀고, 매 순간 문자 메시지를 보내던 아이의 소식이 뜸해지자 긴장이 되었다. 불안하다. 버스를 세 번 갈아타야 하는 길이지 않은가. 열 살 아이가 혼자 나서기엔 쉽지 않은 길이다.

훌쩍 커버린 아이를 알아보지 못할 수도 있다. 어미가 미우니 손자도 미울 것이 분명하다. 심란한 마음이 바람소리에 문이 흔들릴 때마다 아이가 쫓겨 오는 것만 같아 몇 번이나 뛰어나가 보았다.

그때 초인종대신 전화벨이 울렸다.

"엄마, 할머니가 나 끌어안고 우셨어. 많이 컸다고."

"응, 그래……."

어느새 내 마음도 그곳에 가 있다.

세상 배우기

남자의 옷자락을 붙잡고 실랑이를 벌이고 있는 여자는 정상이 아니다. 헝클어진 머리모양으로 보아 술에 취한 게 틀림없다. 입에 담을 수 없는 심한 말을 쏟아 붓고 그것으로 모자라 남자의 뺨을 때린다.

숭애 씨다. 짙은 화장과 옷차림이 달라 얼른 알아보지 못했지만 분명 아래층 아가씨다. 모여든 구경꾼들이 수군댄다. 그녀를 향한 쑥덕거림이지만 나를 겨냥한 듯 점점 강도가 심해지고 있다. 왜 그런 일을 하는 사람에게 세를 주었느냐. 사람이 직업을 속일 수는 없다. 등등 집주인을 비난하는 이웃들의 말에 귓불이 달아오른다. 들키지 않게 자리를 뜨는데 누군가 신고를 했는지 저만치 경찰차가 사이렌을 울리며 달려오고 있었다.

나는 '직업에 귀천이 없다.'는 말을 그대로 믿고 살았다. 그러나 방금 전 집 앞에서 벌어진 그녀의 행동은 어떻게 설명해야 할까. 지워지지 않는 그녀의 낯선 모습이 나의 가치관에 혼란을 주고 있다. 이 새벽 온 동네 사람을 깨운 것도 모자라 보이지 말아야 할 추태를 보였으니 무슨 말로 변명을 할 것인가.

긴 머리를 가지런히 묶은 아가씨였다. 화장기 없는 얼굴로 차근차근 사정을 설명하는 모습이 진실해서, 목돈을 마련할 때까지 방세를 나누어 내겠다는 그녀에게 흔쾌히 방을 내 주었다.

임대업이란 세를 받아서 수익을 내는 일이다. 숭애 씨는 약속한 날짜가 지나고도 몇 달째 방세가 들어오지 않고 있다. 연락이 되지 않는 그녀를 수소문해 보았지만 별다른 대답이 없다. 그러던 중 그 일이 있었고 나는 그녀와 마주치는 걸 피하고 있다. 그 역시 나를 대하기 민망할 것이라는 생각이 그녀에 대한 배려이기도 했다.

텔레비전 뉴스를 보고 있다. 옥탑 방에 세 들어 사는 한 대학생이 죽은 지 석 달 만에 발견되었단다. 세상의 인심이 점점 각박해지고 있는 것에 대한 질책으로 주위의 무관심이 사회 문제로 부각된 사건이다. 물론 가진 자의 이익에만 급급한 욕심이 비난의 대상이다. 결국 세입자관리를 소홀히 한 집주인이 파렴치한 사람으로 전락하는 순간이다.

가슴이 철렁하면서 숭애 씨가 떠올랐다. 연락이 되지 않는 그녀에게 무슨 일이 생긴 건 아닐까 불길한 예감이 들었기 때문이다. 남편을 채근하여 그녀가 사는 집을 들어가 보기로 했다.

내 집이다. 내 집이면서 남의 집이다. 초인종을 눌렀으나 반응이 없다. 문고리를 잡은 손이 떨린다. 열쇠가 돌아가는 딸깍 하는 신호음에 나도 모르게 흠칫 놀란다.

빼꼼히 들여다본 집안은 그녀의 모습처럼 깔끔하다. 소식이 없어 메모를 남긴다는 쪽지를 싱크대에 붙여놓고 막 나오려는데 인기척이 느껴졌다. 아무도 없는 줄 알았는데 사람이 있었던 모양이다. 눈앞이 캄캄해지면서 전신에 힘이 빠진다.

우리는 한 발짝도 옮겨 놓지 못한 채 서로를 보고 있다. 그때였다. 건장한 남자가 속옷차림으로 방안에서 나왔다. 뒤이어 그녀의 모습도 보였다. 무슨 일로 남의 집에 들어 왔느냐. 소리 지르는 남자는 금방이라도 사람을 칠 것 같은 기세다. 남편도 지지 않고 안에 있으면서 문을 열어주지 않은 것을 따진다. 서로의 주장이 만만치 않은 남자들을 가까스로 떼어놓고 돌아서는데 등 뒤가 서늘하다. 나는 이 일을 수습할 대책으로 한 통의 편지를 써서 문틈으로 밀어 넣었다.

> – 놀랐죠. 미안합니다. 텔레비전 뉴스를 보다 연락이 되지 않는 숭애 씨를 떠올렸습니다. 혹 잘못되었을지 모른다는 급한 마음에 허락도 없이 문을 열고 말았어요. 어제의 소란은 제 염려로 생긴 일이니 용서 바랍니다.

다음 날 숭애 씨로부터 이사를 가겠다는 연락이 왔다. 일자리를 구해 다른 도시로 떠난다며 밀린 방세는 통장으로 부치겠다는 약속을 했다. 그곳에도 같은 일을 하러 가는지 묻지 못했다. 다른 일을 하면 안 되겠느냐 타이르지도 못했다. 그런 일을 하는 사람에게 빚을 많이 주어 궁지에 몰리게 한 다음, 다시는 돌아올 수 없는 곳으로 팔아버린다던데……. 생각일 뿐 어떤 말로 그녀의 마음을 상하지 않게 설득할 수 있을지 조심스러워 말을 붙이지 못했다. 역시 그녀에게 나는 집주인 말고 그 이상의 어떤 의미도 될 수 없는 모양이다.

수북이 쌓여 있는 우편물을 정리하면서 그녀를 생각한다. 그의 이름이 선명하게 찍혀 있는 각종 편지들이 주인을 찾지 못한 채 연일 우편함을 가득 채우고 있다. 그는 나의 진실을 아둔함으로 치부한 것인지. 내가 집을 비운 사이 인사도 없이 이삿짐을 옮겨 가버렸다. 나를 보기 좋게 속이고 떠나버린 그녀의 행동을 어떻게 받아들여야 할지, 혼돈 속에 시간은 흐르고 있다.

자동화기기에 통장을 집어넣으며 나 자신에게 최면을 걸어본다. 어떤 메시지가 뜨더라도 실망하지 않겠다.

'정리할 내용이 없습니다.' 매번 같은 내용의 메시지를 보고 돌아서는 발걸음이 씁쓸한 것은 아직도 마음 한편을 차지하고 있는 그녀의 대한 믿음 때문이다. 무슨 사정이 있을 것이다. 직업이 그렇다고 다 그럴까. 사람은 누구나 근본적으론 선하다지 않은가. 다만 환경과 처지에 따라 양심을 저버리는 행동을 할 수밖에 없었을 것이다. 지금쯤 새로운 곳에서 또 다른 세입자가 되어 살고 있을 그녀. 나는 오늘도 그녀와의 첫 만남을 간직하고 산다.

정말 그런 게 있을까

정말 그런 게 있을까. 머릿속을 떠나지 않는 텔레비전 속 이야기로 며칠째 밤잠을 설치고 있다. 늦은 밤 우연히 돌린 채널에 비친 섬뜩한 장면 때문이다.

사람이 다쳤다. 같은 장소에서 연일 똑같은 교통사고가 발생하고 있는 것이다. 제보자가 그곳을 지나며 겪었던 일이 방송을 탄 다음 날, 또 다른 피해자의 증언이 같은 것이기에 더욱 소름이 돋는다. 방송은 그들의 말을 토대로 이 수수께끼를 풀기 위한 노력을 계속한다.

안개 낀 고속도로의 고요한 어둠 속으로 무속인이 등장하여 주문을 외운다. 칠흑 같은 어둠만으로도 지켜보는 이들의 등골이 오싹하다. 무속인의 주문이 이어지고 그가 잡고 있는 방울이 흔들리면서 누군가와 의사소통이 되는 듯 사위가 스산하다. 억울하게 죽은 영혼이 천상에 들지 못하고 원혼이 되어 떠돌고 있단다. 죽은 영혼이 저세상이 아닌 이곳에서 살아있는 사람을 괴롭히고 있다는 것이다. 놀라운 일은 계속 된다. 그의 입을 통해 죽은 사람이 억울함을 털어놓고 있다. 삶과 죽음의 경계가 분명한 것이라 믿는 내게 죽은 사람을 대신하고 있다는 저 불가사의한 일을 믿을 수밖에 없다는 것이 혼란스럽다.

정말 그런 게 있을까. 죽은 사람이 할 말이 있거나 서운한 일이 있을 때 산 사람에게 해코지를 한다는 말을 들었다. 신이 있다는 걸 믿지 않고 종교의 힘을 알지 못하는 내가, 그 말에 솔깃한 것은 도저히 납득할 수 없는 집안의 우환 때문이었다. 우리 삼남매 어머니의 유언이 아니라도 별 탈 없이 잘살아야 하는 것은 당연한 바람이었다. 그런데 동생들이 차례로 다리가 아프다는 소식을 접하고 운동 부족이려니 대수롭지 않게 넘겼던 것이 문제였다. 열심히 운동하라는 말로 흘러 보낸 시간이 일 년을 넘겼을 때야 사태의 심각성이 전해진 건 우리의 공간이 서로 다른 데 있기 때문이었다.

남동생이 먼저 발병을 했다. 같은 증상이 여동생에게 나타나면서 현대의학으로 꼭 집어내지 못하는 그들의 병이 무섭게 느껴졌다. 병이 깊어지니 귀가 얇아지고 마음이 약해지는 것인지, 사람들이 나에게 넌지시 어머니를 거론한 것은 엑스레이사진으로도 별 이상이 없다는 진단을 받고 난 다음이었다. 문득 텔레비전에서 봤던 장면이 떠올라 가슴이 쿵하고 내려앉았다. 그럼 나도 무속인을 찾아야 되는 것일까. 그건 아닐 것이다. 어머니가 그럴 리 없다. 그분의 자식사랑이 얼마나 맹목적이었는데 자식에게 해코지를 한단 말인가. 살아있을 때 우리에게 절대 그런 것 믿지 말라고 하셨다.

삼남매가 산소에 모였다. 바쁘다는 핑계로 한 시간이면 올 수 있는 이곳에 와본 지 오래이다. 잘 관리되어 있는 어머니의 보금자리는 동생이 수시로 들락거리며 정성을 쏟았다는 것을 금시 알게 했다. 달라진 게 있다면 저번에 왔을 때 어머니께 놓고 갔던 책이 없어진 것이다. 아마도 동생이 비에 젖을까 염려되어 거두어 간 것일 게다. 그러고 보면 나보다는 남동생이 어머니의 세심한 성품을 더 닮았지 싶다.

어머니는 우리가 찾아온 걸 아실까. 삼남매가 정성껏 마련한 음식과 옷 한 벌을 내려놓고 절을 올린다. 어머니가 동생들 얼굴을 오랫동안 보시라고 한참을 그곳에 머물면서 마음속으로는 어머니와 대화를 나눴다.

자식들이 보고 싶어 동생들에게 심술을 부린 것이라면 우리 형제 잘살고 있으니 노여움을 푸시라 했다. 또한 할 말이 있으면 나를 찾으라 했다. 그것은 매일 밤 꿈에 엄마가 보인다는 여동생의 말이 목의 가시처럼 박혀 있던 터라 그리한 것이다. 마음속으로 믿는 구석이 있어 어머니를 찾아가보기로 한 건 나다운 것이다. 그만큼 내가 갖고 있는 어머니의 대한 믿음이 자신 있었기 때문이다.

정말 그런 게 있을까. 떨쳐낼 수 없는 유혹이다. 몇몇 지인들이 우리 형제의 우환을 두고 돌아가신 분의 영혼을 위로해야 한다는 처방을 내놓았다. 썩 내키지 않았지만 그런 게 있다 하니 어쩌겠는가. 내가 마음을 허락하여 동생들이 편안해진다면 고집을 피울 일이 아니지 않은가.

동생들 생각은 어떨까. 언니답지 않다고 할 것이다. 무엇보다 기독교신자인 올케는 형님 나이 드시는가 봐요 하며 웃어넘길 것이다. 항상 자신에게 부끄럽지 않게 살라던 형님이 그런 데 의지하려는 것을 이해하지 못할 것이다.

그래 동생들에게 약한 모습을 보이지 않은 것은 잘한 일이다. 무엇보다 어머니 뜻이 아닐 테니 그 일은 하지 않는 게 좋겠다. 설사 동생들의 마음이 흔들려도 내가 다잡아줘야 하는 것을. 결국 어머니를 찾아 하소연 하는 것으로 어수선한 마음은 매듭을 지었다. 어머니께 약속했다. 먼 훗날 어머니 만났을 때 당당할 수 있도록 동생들 간수看守 잘 하겠다고.

신기하다. 속이 말짱하다. 오랫동안 속이 아프고 쓰려서 식사를 못했는데 언제 아팠냐는 듯 아무렇지 않은 아침을 맞는다. 이건 무슨 뜻일까. 어머니가 내 말을 알아들으셨을까. 동생들은 어떨까, 설마 어머니가 나한테만 신비한 힘을 발휘한 것은 아니겠지. 정말 그런 게 있을까.

2009. 9.

역지사지易地思之 2

내 집을 갖겠다는 소망은 젊은 날 나의 꿈이었다. 그리 나쁜 주인을 만나지 않았으니 셋방살이가 힘든 건 아니었지만 나름대로의 계획을 세웠다. 여러 세대가 함께 살 수 있는 집을 장만하여 가족처럼 어울려 살고 싶은 것이 바람이었다. 주위에서는 그 골치 아픈 짓을 왜 하려 하느냐 말리는 사람도 있었지만, 나는 그동안 세입자로서의 경험을 발판 삼아 집주인 노릇을 잘할 수 있다는 자부심이 있었다. 그렇게 이삿짐을 열세 번 싸고 풀기를 거듭한 후에 꿈은 이루어졌다.

열한 세대가 함께 살고 있지만 보편적 조용한 편이다. 특히 말썽을 부리는 사람도 없고 다들 온순하고 얌전하다. 처음 이 집을 장만했을 때 함께 입주했던 신혼부부들이 거의 지금까지 함께 살고 있는데 아이가 하나 둘 생긴 집이 많다. 내년에 자기 집을 갖게 되는 세입자가 있어 이사를 가는 한두 세대를 빼고는 우리는 또 한 해를 같이 보낼 것이다. 집주인이 되는 아래층 새댁에게는 축하의 메시지를 보낸다.

내가 십 년이 넘게 셋방살이를 한 것에 비하면 요즘 젊은이들의 내 집 마련은 조금 빨라지고 있다. 빈털터리로 신접살림을 시작했던 우리와는 달리 지금은 결혼과 동시에 부모님께서 전셋집이라는 종자를 심어주시니 집을 장만하는 시기가 그만큼 빨라진 듯하다. 물론 어느 곳에든 예외가 있는 것이라 월세를 내면서 부부가 밤늦도록 장사를 하는 집도 있고, 그마저 사정이 여의치 않아 떨어져 사는 부부도 있다.

영호네가 그렇다. 부부가 밤낮을 바꿔 일을 하는 것이다. 바쁜 아침시간 주인아주머니를 부르는 소리에 이웃에 폐가 될까 급히 창문을 열고 내려다본다. 영호아빠다. 어떡할까. 못들은 척할까. 또 무슨 일일까. 격앙된 목소리가 그의 깐깐한 생김새처럼 듣기만 해도 가슴이 철렁한다. 맞서는 아래층 여인도 만만치 않다. 세상에 목소리 큰 사람이 이긴다고 했던가. 언성이 높아진 그들 틈에 낄 재간이 없다.

집주인이 되어 처음 겪는 난관이다. 몇 달 전부터 종종 새벽이 시끄러웠다. 일층과 이층 세입자 간에 마찰이 일어난 것이다. 원인은 서로의 직업 탓이다. 일층 사는 처녀는 출근 준비를 할 때 음악을 크게 틀어놓는 버릇이 있나 보다. 우리 집은 삼층이라 잘 들리지 않지만 아침에 퇴근하여 잠을 자야 하는 이층 영호아빠는 여간 고역이 아닐 것이다. 몇 번인가 내게 전화를 해서 하소연을 하였고 오늘은 출근하는 아가씨를 붙잡아 담판을 짓고 있는 것이다. 그들의 하는 양을 지켜보고 있다. 양쪽 다 일리 있는 주장에 나는 어느 편을 들 수 없어 말을 아끼고 중립을 지킨다.

임대업이란 세를 놓아 수입을 올리는 일이다. 우리가 셋방살이 할 때와 달리, 지금은 정부에서 보장하는 임대차 보호법이 있어 집주인보다는 세입자가 보호받는 세상이다. 가끔은 집주인이 잘못되어 어려운 처지에 놓이는 세입자가 생겼다는 매스컴의 보도가 있지만, 그것 또한 서로의 신뢰가 바탕이 되면 아무 문제가 없다. 다만 그들은 복잡한 법의 테두리 안에서 더욱 치밀하게 따져 안전장치를 해야 한다는 책임과 의무의 전제조건하에 이루어진 계약을 말한다.

나는 십삼 년 동안 세를 살았다. 주인의 눈치를 보느라 날을 잡아 부부싸움을 하면서 참는 법을 배웠고, 아이가 울면 주인댁에 폐가 될까 밖으로 업고 나갔으니 아이와 많은 교감을 나눌 수 있었다. 전화가 없던 시절 시댁이나 친정에서 걸려오는 전화를 받으러 안채에 들어갈 때면, 왜 그렇게 주인집 현관문이 높게 보이던지 목돈이 마련되면 제일 먼저 전화를 놓겠다고 주인댁에 송구한 마음을 전하곤 했었다. 어쨌든 그런 젊은 날이 있었기에 오늘이 있는 것이라 자부한다면 지나친 자랑일까. 나는 잠시 머물다 갈 그들이 편안한 생활을 할 수 있도록 집주인으로써 진심 어린 배려를 한다. 그런데 집주인과의 불화보다는 서로간의 이해가 맞지 않아 문제가 발생하는 경우가 더 많은 것이 문제이다.

영호아빠는 아래층 처녀와 원만한 해결을 보지 못해서 이사를 가겠다는 통보를 해 왔다. 며칠을 분주하게 집을 보겠다는 사람들이 들락거리고 전화도 오고가고 했는데 갑자기 이사를 가지 않겠단다. 집주인으로서 그 내용을 남을 통해 전해 듣고 보니 불쾌하기도 해서 확인 전화를 했는데 사과는커녕 계약서 운운하며 버릇없이 말을 한다. 계약기간 전에 이사 가려다가 맘이 변해 그냥 살겠다는데 집주인이 무슨 상관이냐는 것이다.

나는 그들의 예의 없음에 당황이 된다. 나에게 한마디 상의도 없이 이랬다저랬다 경우가 아닌 게 분명한데도 막무가내인 그들의 태도가 오만불손하다. 이것이 세입자 우선주의가 만들어낸 현실이다.

내 사업에 차질이 생겼다. 내 의도와는 다른 쪽으로 가고 있는 사업의 의미가 상실되어 모든 것이 시들해졌으니 의욕이 없다.

영호네 임대 계약서를 펼쳐놓고 생각에 잠겨 있다. 발끈한 성격을 참지 못하고 영호아빠에게 서운한 감정을 드러낸 것은 어른답지 못했다. 내 젊은 날과 달라진 세입자 정신이 못마땅하고, 작금의 세태가 실망이라며 불만을 토로하지 않았던가. 그들이 나의 존재를 알아주지 않는 것이 화가 났다면, 훗날 그들에게 나는 어떤 주인으로 기억될 것인가는 미처 생각하지 못했다. 지금의 내 마음이 시작할 때의 순수함을 잃고 있는 건 아닌지 돌아볼 일이다.

해리포터

유명연예인이 영어회화 테스트를 받고 있다. 영문학과 출신으로 박사학위까지 있다는 그가 시험관 앞에서 진땀을 흘리며 전전긍긍하는 모습이 흥미롭다. 문법위주의 교육을 받은 세대라서 쓰고 읽을 줄은 알아도 말은 잘하지 못한다는 출연자의 난처한 표정이 재미있다. 그것이 시청자에게 보여주려는 연기이기만 한 것 같지 않아 더욱 실감이 났다. 역시 남의 나라 말을 잘할 수 있는 것이 쉽지 않다는 메시지에 문득 처음 해외여행을 갔을 때 일이 떠올랐다.

해리포터. 한참 세상을 떠들썩하게 했던 소설 속 주인공 이름이다. 영화로도 만들어져서 세계적으로 유명한 이름이 되었다. 영화 속 주인공을 닮아 더욱 기억에 남는 사람. 한글을 따로 배운 적이 없다는 그가 유창한 우리말로 자신을 해리포터라고 소개하던 것이 인상적이었다.

중국계 인도네시아인이라고 밝힌 현지 가이드의 이름은 해리포터였다. 그의 입담이 얼마나 좋은지 나는 한마디도 놓칠 수 없어 귀를 바싹 세웠다. 어쩌면 우리나라 말을 저렇게 잘할 수 있을까. 숨겨져 있는 각 지방의 방언까지 속속 알고 있는 그는 우리글을 쓸 줄도 읽을 줄도 모른단다. 독학으로 텔레비전이나 녹음테이프를 반복해 들으면서 우리말을 익혔다는 그가 우리말을 우리보다 더 잘 구사했다.

인도네시아 바탐 섬에서 원주민 마을로 이동 중이다. 버스가 시내에 진입한다는 가이드의 말에 사람들의 눈이 일제히 밖을 보았다. 도로는 한산했다. 지나는 사람도 없고 건설 중인 건물이 가끔 눈에 들어왔지만 거의 낮은 층의 네모반듯한 모양이다. 그보다는 멀리 언덕배기에 즐비하게 서 있는 판잣집이 정비되지 않은 채 곳곳에 촌을 이루고 있는 것이 인상적이다. 우리나라를 삼십 년 전으로 옮겨놓은 듯 친근한 풍경이 옛날이야기라도 되는 듯 아련한데 가이드의 목소리가 들려왔다.

"절대 돈을 주어서는 안 됩니다. 아이들이 쉽게 돈을 벌게 되면 공부도 안 하고 일도 안 합니다. 협조해 주십시오."

우리는 그 말의 뜻을 알아들었고 그래서 고개를 끄떡이며 말 잘 듣는 아이처럼 차례로 버스에서 내렸다.

"엄마, 바나나 천 원."

원음에 가까운 발음을 듣고 놀라 주위를 돌아보았다. 작은 키의

왜소한 몸으로 보아 학교에 갈 나이는 아니지 싶다. 아이는 금방이라도 투명한 구슬을 쏟아낼 것 같은 깊고 맑은 눈으로 나를 쳐다본다. 방금 전 내린 소나기를 고스란히 맞았는지 몸에 착 달라붙은 낡은 원피스 자락으로 물이 뚝뚝 떨어지고 있었다.

마음 한편에서 주머니의 돈을 꺼내라는 신호를 보낸다. 얼마면 될까. 하나, 둘, 셋……. 열 장이면 될까. 마음속으로 계산을 하며 갈등하고 있다. 성질 급한 남편이 먼저 천 원짜리 한 장을 아이에게 건넨다.

그때다. 순식간의 일이다. 아이들이 일제히 남편 곁으로 몰려들었다. 당황한 남편이 곤혹스런 표정을 지었고 몰려든 아이들에 둘러싸여 걸음을 옮기지 못했다. 나는 황급히 가이드에게 도움을 청하는 눈길을 보냈다. 그가 달려와 무어라 설득하는 듯 보였으나 아이들은 물러설 기미를 보이지 않았다. 사람들 뒤에 바싹 따라붙은 아이들이 '바나나 천 원'을 절규하듯 외치고 있다. 앞만 보고 걸어야 했다. 곁을 보아서는 안 된다. 가이드의 당부가 왜 그렇게 절실했는지 짐작할 수 있었다.

후진국이다. 의무교육은 초등학교까지란다. 해리포터 자신도 최종학력이 초등학교라 털어 놓는다. 부모의 교육열이 낮아 자녀를 학교에 보내기보다는 관광객을 상대로 돈을 벌어오라 내보낸단다. 연중 여름이 계속되는 나라. 자식의 나이를 몰라 학교에 가야 할 시기를 정부에서 챙겨줘야 하는 나라. 그런 환경인데도 이 나라 국민이 갖고 있는 삶의 만족도가 90%가 넘는다는 것에 놀랐다. 결국 행복과 불행의 개념이 선을 그어 잘라 말할 수 없다는 것을 알았다.

여행지에서 만난 우리 젊은이들의 자유분방함이 정도를 넘어서고 있다. 명품으로 치장한 그들의 차림새는 타국의 여행객 사이에서도 단연 돋보인다. 과다한 노출과 거리낌 없는 애정행각이 보는 이의 눈살을 찌푸리게 했다. 그들은 무엇을 보고 배우러 여기까지 온 것일까. 천진난만하기도 한 우리 젊은이들의 얼굴 위로 자기 나라의 장래를 걱정하던 헤리포터의 얼굴이 겹쳐진다.

열악한 환경에서도 밝은 모습을 잃지 않는 훌륭한 직업인이다. 조국에 대한 자부심과 무한한 가능성을 피력하던 그에게서 열등감이나 비굴함은 찾을 수 없었다. 동정은 싫다 하던 그의 말이 내내 머릿속을 떠나지 않고 있지 않은가. 저런 청년이 있는 한 가까운 시일 내에 그들이 우리를 앞지를지도 모른다는 위기감이 들었다면 지나친 우려일까. 타국에서 느끼는 애국심이다.

인도네시아를 떠나는 배를 타기 위해 줄을 서 있다. 새로운 행선지로 향하는 기대감보다 그와의 헤어짐이 아쉬운 시간이다. 그가 한 사람 한 사람 손을 잡으며 '감사합니다.'라며 고개를 숙인다. 차례를 기다리는 나도 진심으로 그의 친절과 성실함을 칭찬하고 싶었다. 급히 몇 줄 감사의 글을 적어 악수를 청하는 그에게 건네고 배에 올랐다.

— 그동안 감사했습니다. 이번 여행은 오래도록 기억될 것입니다.

멀어지는 배를 향해 손을 흔들어주는 그의 모습이 작아질 때까지 자리에 돌아가지 못하고 있다. 그나마 내가 적어 준 쪽지가, 일을 하는 데 보람이 되었으면 좋겠다는 생각을 하는 순간, 나의 격려는 소용없는 일이 되어버렸다.

그는 우리글을 읽을 줄도 쓸 줄도 모른다 하지 않았던가.

2005. 7.

개명改名

부러울 게 없는 친구가 이름을 바꾼단다. 그것도 예명으로 불러지길 원하는 것이 아니라 호적을 정정하여 문서화하겠다는 것이다.

양복순, 그녀의 이름이다. 무슨 불만이 있어 부모님께서 지어주신 이름을. 그것도 오십 년이나 불린 이름을 버린다는 것인지 우리는 한 글자에 기십만 원을 주고 작명가에게 지었다는 새로운 이름 양복희를 받아 적는다. 딱히 심각하게 생각해본 적이 없던 이름. 사람마다 다르게 불리는 이름이 운명을 바꿀 수도 있다는 그녀의 이론에 잠시 빠져 들어가 본다.

사람들의 관심을 먹고 사는 연예인은 본명보다는 예명으로 불리는 경우가 많다. 이름을 널리 알리는 유명연예인이 되기 위해 본명보다는 부르기 쉽고 기억에 남는 예명으로 바꾸는 것은 연예인에게 한정된 것이라 생각했다. 그런데 친구의 깜짝 발언에 보통 사람도 이름에 대한 관심이 다른 경우가 있다는 것을 알게 되었다.

주위의 어떤 어른은 부모님이 지어준 이름 덕분에 평생 돈 걱정 없이 살았노라 자랑하는 것을 보았다. 돌아보면 사회적 지위와 이름이 딱 맞아떨어져 존경받는 사람이 있는가 하면, 이름과는 전혀 어울리지 않는 사람의 인격을 경험했을 때 실망했던 기억도 있다.

욕심이 지나쳐 나락으로 떨어져 망신을 당하는 관료는 관운이 들었다는 이름만 믿고 자기관리를 게을리한 탓이었을까. 친구가 개명을 하겠다는 것은 분명 까닭이 있을 것이나 내 보기에 명분이 없다는 것이 문제이다. 국가에서는 국민들이 이름 때문에 겪는 불편이 타당한 사유가 있을 때, 이름을 바꿀 수 있다고 발표하였다.

친구의 얼굴을 유심히 뜯어보아도 알아낸 건 아무것도 없다. 한 번도 사는 것에 대해 엄살 부리는 걸 보지 못했으니 그의 내면에 어떤 어려움이 있는지 알 수 없다. 언제나 자기주장대로 소신껏 사는 사람이라 불만을 의심하지 않았기 때문이다.

오늘도 그녀는 나이를 초월했다. 삼 개월 만에 나타난 동창모임에 패션은 단연 이십대의 유행을 앞서간다. 막힘없는 언어구사로 그간의 일상을 이야기할 때면 우리 모두 놀라움과 통쾌함에 가슴이 확 트이는 건 물론이고 한바탕 웃을 수밖에 없다.

몇 달 전 일이다. 술을 마시는 친구를 지켜보는 일이 고역이었던 기억이 있다. 맨 정신일 때 그렇게 예의 바르고 똑똑한 친구가 술이 들어감에 따라 차차 자신도 모르게 품격을 떨어뜨리는 것을 보았다.

사는 일이 기대에 미치지 못해 속상하고 그런저런 불만이 술을 찾게 한다는 이론이다. 평소 배울 점이 많다고 생각했던 친구였는데 술자리가 길어지면서 달라지는 모습을 본 뒤 다음의 만남을 꺼리게 된 것은 내 성격 탓이었다.

정신 차리라는 나를 올려다보며 그녀가 말했다.

"자기는 좋겠다. 삶에 만족하고 사는 모습이 참 대단하게 보여."

깜짝 놀랐다. 그는 삶을 자기 식으로 멋지게 살아내고 있는 사람임에 틀림없지 않은가. 나는 그녀의 거침없는 인생관이 부럽다는 생각을 해 본 적이 있다. 그런데 전혀 예상치 못했던 말에 잠시 할 말을 잃었다. 웃어야 할지 울어야 할지 모르겠더니 금시 우쭐해져서 표정관리가 어렵다. 늘 이만큼으로 만족하려 애쓰며 사는 내게 술 취한 친구의 한마디가 더없는 행복감으로 느껴졌다.

보이는 것으로 사람의 행복지수를 평가할 수는 없다. 나와 생각이 다르다고 그녀를 비난할 수도 없다. 넓은 아파트와 잘 자란 아이들. 언제나 바람막이가 되어주는 남편이 있는 그녀에게 외로움은 어떤 의미일까. 보통사람의 기준으로 볼 때 충분히 행복한데 무엇이 불만이란 말인지. 친구는 욕심쟁이가 분명하다.

내 어머니는 나의 이름을 작명가에게 맡기지 않으셨다. 넉넉한 시절도 아니었고 딸이기도 하여 동네 어르신과 상의하여 지었다 한다. 그저 부모님 은혜나 알고 살면 되는 것이지 하여 지었다는 이름. 부모님이 다 타계하신 지금까지 나는 한 번도 내 이름의 대하여 불만을 가져본 적이 없다. 친구의 생각처럼 이름이 주는 힘이 그렇게 큰 것이라면 앞으로 친구의 삶을 지켜보면 될 일이다. 다만 그녀가 겪고 있는 외로움이 이름을 바꾼다고 달라질 일인지 확신이 없는 것이 문제이다. 나도 작명가에게 부탁하여 이름을 지었다면 좀 더 나은 삶을 살았을까.

2 사랑 그리고 이후

나눠주기

지구본을 이리저리 돌려가며 누나들의 여행지를 찾아보고 있는 아들이 부러움을 표시한다. 자기도 크면 유럽여행을 보내 줄 것인가 약속을 하란다.

해외여행은 안 되는 일이었다. 요즘 세상에 그게 뭐 어려운 일이겠냐만 우리 집에서는 그랬다. 아빠의 엄격한 규제로 그날그날의 귀가시간이 체크되는데 그들이 집을 비우는 시간이 짧지 않기에 결심을 하기까지 시간이 걸렸다.

짐을 챙기는 아이들의 분주한 손놀림을 본다. 가방 속에는 옷과 생필품이 공간의 절반을 차지하고 있다. 준비해 놓은 김치와 밑반찬이 통조림으로 대체되고 밥은 꼬박꼬박 챙겨먹으라는 엄마의 잔소리는 귓등으로 흘려보낸다.

이국의 풍경과 문화를 보고 배워오라 보내는 여행이다. 그러나 내 뜻과는 달리 집을 떠나 자유로운 자기들만의 시간을 갖는 것에 비중을 두고 있는 것은 아닌지. 큰맘 먹고 내린 결정인데 잘한 일인지 슬그머니 걱정이 된다. 어미의 불안함은 아랑곳없이 아이들은 내일 새벽에 떠날 것이다.

잠깐이었다. 이런저런 생각에 뒤척이다 잠이 들었던가 보다. 깜깜한 집안이 휑하다. 목을 길게 빼고 아이들이 지나갔을 골목길을 내려다본다. 빗줄기가 대단하다. 아까는 해방감에 젖어있는 아이들이 야속했는데. 그렇더라도 이 빗속을 자기들끼리 움직였을 것을 생각하니 정신이 번쩍 든다. 딴에 엄마가 깰까 봐 살짝 나갔을 것이다.

전화기를 들고 급히 방으로 들어간다. 정지되었으면 어쩌나 불안함에 시계를 본다. 한동안 쓰지 못할 전화요금이 아까워 통화정지 시키라 했기 때문이다. 몇 번의 신호음이 울리자 작은딸의 목소리가 옆에서 들리는 듯 또랑또랑하다. 공항에서 비행기시간을 기다리고 있단다.

"언니는 도착하자마자 엄마 보고 싶다며 울고 있어, 잘 다녀올 테니 걱정 마세요."

언니를 바꿔달라는 엄마에게 작은딸의 단호한 거절이다. 자기 것을 지키기 위한 노력이 필요 이상으로 집요한 아이다. 남동생이 태어나면서 자기 몫을 나눠줘야 한다는 압박감이 사사건건 언니와 동생 사이에서 불이익을 따지고 든다. 때로는 밤늦은 귀가와 대담한 옷차림으로 우리를 긴장시킨 적도 있다. 이번 여행만 해도 그렇다. 방학동안 이십 일이 넘는 기간을 홀로 배낭여행을 떠나겠다는 것이다. 물론 허락할 리 없는 아빠는 모르게 해야 된단다. 통도 크지. 어떻게 그런 발상을 했을까.

절대 안 되는 일이었다. 그러나 어찌어찌 그 애에게 설득당한 나는 여행을 허락하고 말았다. 단 언니와 함께 가는 조건이었다.

큰애한테는 미흡했다. 넉넉지 못한 살림을 핑계로 하고 싶다는 공부를 외면한 채 충분한 뒷바라지를 하지 못했다. 형편이 조금씩 나아지면서 큰애에게 못한 정성이 작은애에게 기우는 것은 순리였다. 미안하지만 언니에게 다하지 못한 사랑을 동생에게 주는 것이 부모로서 당연한 일이라 위안을 삼았다.

그러나 나의 진실은 왜곡되었다. 받아들이는 과정에서 내 뜻과는 달리 표명되어 문제가 발생되고 있었다. 똑같은 자식인데 누굴 더 주고 덜 주고 할 것인가. 아이들은 서로를 견제하고 경쟁하면서 티격태격하였고, 더러는 가시 돋친 말이 오고가면서 서로의 마음에 흠집을 내고 있었다.

학교 공부를 어렵게 마친 큰딸의 입장에서 보면 동생이 누리는 여유가 거슬렸을 것이다. 자기는 몇 번의 기회가 있었어도 부모님의 부담이 죄송해서 외국여행은 꿈도 꾸지 못했단다. 그러니 동생의 여행은 절대 안 된다는 것이었다.

아이들이 나처럼 사는 건 원치 않았다. 무조건 착하기만 하다고 좋은 일인가. 달라진 세상에 잘 적응하는 사람이 되길 바랐다. 그것이 양보할 줄 모르는 이기심으로 발전하는 것만 빼고, 자기 앞가림을 하는 것으로 만족하고 있었다. 그러나 염려했던 일이 벌어지고 있음을 알게 되면서 내 마음은 바빠졌다. 나는 결심했다. 분수에도 맞지 않고 사치일 뿐이라는 외국여행을, 큰애와 작은애를 함께 보내는 것이다. 그들이 둘만의 시간을 가짐으로써 부모의 마음을 알게 되고, 형제간의 우애를 다질 수 있을 것이란 기대가 나의 결정을 부추기고 있었다.

우편함에 날아든 명세서를 받아들고 황급히 통장을 꺼내본다. 마이너스로 표시된 엄청난 숫자가 나를 노려보고 있다. 지난달 자식사랑이란 명목으로 지출한 여행비가 고스란히 내 몫으로 남겨진 채 가계부를 압박하고 있는 것이다. 지금쯤 지구의 반대편에서 새로운 문화에 취해 있을 아이들이 행복하다면 그것으로 만족해야 할까. 나는 그들이 성숙한 모습으로 돌아올 날을 손꼽아 기다리고 있다.

2004. 8.

회생回生

버려진 꽃 베고니아다. 사무실에 놓고 보살폈지만 수명이 다했는지 시들시들 말라가는 것이 볼썽사나워 며칠 전 밖으로 내놓았던 것이다. 우연히 머문 눈길에 가녀린 꽃이 살짝 얼굴을 내민다. 어! 살아났네. 파란 잎사귀에 싸여 수줍게 웃고 있는 노란 꽃이 여간 대견한 게 아니다. 몰라라 내버려둔 채 한동안 잊고 지냈는데 저 혼자 소생蘇生한 꽃을 보고 생명의 끈이 얼마나 질긴 것인지 생각해 본다.

그해 여동생이 태어난 집안의 분위기는 우울했다. 아이를 낳고 몸조리를 하던 어머니의 건강이 회복되지 않고 있었기 때문이다. 위로 부모님을 모셔야 하고 건사할 자식이 둘이나 있는 어머니가 해산을 했다고 맘 편히 누워 있을 수 없는 형편이었다. 소식을 듣고 문병 온 사람들은 이구동성으로 산모만이라도 살려야 한다며 수군댔다. 갓 태어난 아기에게 어미 젖 말고는 마땅히 먹일 게 없었던 시절. 이대로 둔다면 아이는 굶어 죽고 말 것이다. 어차피 어미 없는 아이로 클 바에 차라리 아무것도 모를 때…….

아버지는 아기가 하늘나라로 가는 것이 좋지 않겠냐는 말씀을 하고 싶었을 것이다. 나는 아버지 의견에 반대의 말을 할 수 없는 처지였고 슬며시 일어나 부엌으로 향했다. 숭늉이라도 데워 아기에게 먹여야 했기 때문이다.

아궁이에 불을 사른다. 불쏘시개로 갖다 놓은 종이를 찢어 성냥불을 그어댄 다음, 다른 한손에 그릇을 들고 김을 쐬었으니 제대로 데워질 리가 없다. 찬 기운만 가신 멀건 우윳빛 숭늉을 아기는 여덟 살 언니의 성의를 무시한 채 받아먹지 않았다.

아기는 늘 울었다. 어른들은 불쌍하다고 혀를 끌끌 찼지만 누구 하나 마땅한 해결책을 내놓지 못했다. 다만 한 사람 누워 있는 어머니만이 힘겹게 팔을 들어 보이며 아기를 당신 품에 안겨달라는 눈길을 보냈다. 지켜보던 아버지는 아기를 이불에 둘둘 싸서 얼음장 같은 윗목에 밀어 놓았다. 그 기세가 얼마나 무섭던지 우리 중 누구도 그것을 끌어내리지 못했다.

울던 아이가 조용해졌다. 좁은 방안에 식구들의 숨소리만 들릴 뿐 창밖의 희미한 빛도 사라지고 어둠이 밀려올 즈음 이불에 싸인 아기의 까만 눈동자에 빛이 났다.

아기는 기적적으로 살아났다. 어미의 애틋한 사랑의 힘이었는지 고비는 넘겼지만 먹는 것이 부실하여 항상 배가 고팠다. 잦은 감기와 주접으로 연일 골골 하며 자라난 동생. 제 살을 지니지 못하는 아이가 젖배를 곯아서 그런가 보다고 자책하던 어머니에게 동생은 평생 애물단지였다. 그렇게 우리 가족을 항상 긴장시켰던 동생은 이제 자식 사랑이 유별난 두 아이의 어미가 되었다.

가족이 다 모이는 날이면 동생이 태어나서 겪었던 일이 화제가 된다. 아이들은 믿어지지 않는 그때의 상황을 들을 때마다 신기한 듯 관심을 보인다. 병원에 가면 될 일이지 왜 그렇게 고생을 했냐며 의문이 풀리지 않는 눈치다. 그들은 제 어미가 영양상태가 부실하여 키가 크지 못했고, 그 탓에 학교에 입학할 때 책가방이 땅에 끌렸다는 말에 앞다투어 어미랑 키를 대 본다. 더불어 등굣길 책가방은 내가 들어다 주었다는 사실을 당사자조차도 기억하지 못하는 것에 대하여 어머니의 증언이 필요하다.

"니 언니에게 잘 해라. 너 업어 키우느라 등짝이 마를 날이 없었다."

하시던 그때의 어머니는 우리 곁을 떠났고 가족 모두의 가슴에 응어리로 남아 있던 동생의 일은 옛날이야기가 되어 버렸다. 이제 먼 길을 떠나신 어머니는 편안하실 것이고 나는 시시때때로 전화를 해서 가슴을 쓸어내리게 하는 동생 때문에 언니로서의 마음고생이 배가 되었다.

동생이 병원에 있다는 연락을 받았다. 며칠 전부터 속이 아프다 하소연하더니 체력이 약해서인지 회복하지 못하고 기어이 병원에 입원을 했다는 것이다. 더운 날씨에 병원 생활이 쉽지 않을 텐데, 이번에도 동생은 가족들과 떨어져 있어야 할 시간이 짧지 않을 것이라는 예감이 들었다.

지인이 사다 준 꽃이다. 작고 앙증맞은 화분을 받아들고 병원에 있는 동생을 떠올렸는데, 꽃이 피는가 했더니 금시 말라버린 것이 소생할 기미를 보이지 않는다. 시들해진 꽃을 밖에 내놓는데, 문득 이불에 싸여 윗목에 버려졌던 동생이 생각났다. 핏덩이였을 때 견디었던 그해 겨울의 추위와 지금의 상황은 어떻게 다른 것일까. 가망이 없는 꽃인 줄 알면서도 버리지 못하고 처마 밑에 놓았던 것은 동생 때문이었다.

마음 속 깊이 정성 들여 보살폈다고는 하지만 나 역시 아이였으니 별로 기억에 남는 일은 없다. 다만 어린 마음에 자꾸 보채는 아기가 안쓰러워 내 딴에 달래보려고 이것저것 해 보았을 것이다. 지금의 나는 어른이 되었고, 그때의 입장보다 더한 책임과 의무감은 더 큰 부담을 안게 되었다.

꽃을 밖에 내놓으면서 동생을 떠올렸던 것은, 불길한 예감인 듯해서 얼른 도리질을 해 본다. 동생이 또 한 번의 시련을 맞는 것이라면 이번에도 꿋꿋이 이겨내면 된다. 무엇보다 세상은 달라졌고 의학의 발달은 동생을 반드시 살려낼 것이라 믿고 싶은 나는, 어젯밤 꿈에 베고니아가 활짝 꽃을 피우는 것을 보았다.

사랑 그리고 이후

리모콘을 든 손이 멈춘다. 채널 고정이다. 사회가 각박해지고 연일 터지는 사건 사고가 포악해지는 시대를 살고 있으니 텔레비전 뉴스에 무감각해진 지 오래이다. 그러나 이건 다른 문제이다.

어머니를 폭행하는 일이 생겼다. 뿌연 자막 뒤로 보이는 가해자는, 화가 나서 어머니를 때렸다며 망설임 없이 기자의 질문에 대답한다. 가끔 재산다툼으로 부모님께 불효를 끼치는 장성한 아들이 있다는 뉴스를 접한 적이 있지만, 어린 학생이 어머니를 때렸다는 것은 또 다른 충격으로 다가왔다. 아마도 또래의 아이가 있기 때문에 그만큼 더 민감하게 다가왔는지 모르겠다.

피해자인 어머니는 넉넉지 않은 살림에 아이를 입양해서 키운 훌륭한 분이었다. 세상에 어떻게 이런 일이 있을까. 눈을 떼지 못하고 격분해 있는 내게 옆에 있던 아들이 불쑥 말한다.

"물론 나쁘죠. 근데 친엄마가 아니라서 그래요."

이건 또 무슨 소리인가. 여기서 친엄마 키운 엄마가 왜 나와야 하는지 내 아이의 사고방식부터 문제의 심각성을 더한다.

"아니지. 낳은 정보다는 기른 정이 더 깊은 법이야. 굳이 편을 가르자면 엄마는 기른 정 쪽에 손을 들겠다."

아이가 무슨 생각으로 그런 결론을 내렸는지, 핵심이 다른 곳으로 흐르긴 했지만 아들의 생각을 정리해 보려 한다.

지난 일요일 나는 삼십 년 만에 친구를 만났다.

"너! 살아 있었구나."

우리는 부둥켜안고 서로의 무사함을 감사했다. 그동안 보고 싶은 마음이야 굴뚝같았지만 내가 먼저 찾을 수 없었던 자존심이 한순간 녹아내리고 있었다. 그러나 그녀의 건재함을 확인하는 자리에서조차, 그날의 분노와 안타까움은 어제 일처럼 생생하게 나를 괴롭히고 있었다.

무척 더운 여름날이었다. 숨쉬기조차 어려운 땡볕에 아이를 업은 여인이 나를 찾아왔다. 나는 그때 동생의 학업을 위해 고향을 떠나 직장에 다니고 있었는데 휴일을 맞아 집에서 쉬고 있었다. 양철 지붕의 열기가 가만히 앉아 있기도 힘든 날, 여인은 나를 찾아 직장으로 갔다가 쉬는 날이라 해서 다시 집으로 오는 길이라고 했다.

까만 얼굴에 작은 키, 아이를 내려놓고 찬물을 들이키는 여인의 그 가냘픈 허리가 어떻게 아이의 무게를 지탱했는지. 나는 그때 어머니의 힘을 가늠할 수 없는 처녀였다.

아무리 생각해도 처음 보는 얼굴이다. 생면부지生面不知의 여인이 고향에 있을 친구의 이름을 들이댄다.

황수연. 그녀는 나의 소꿉친구이다. 우리가 태어나기 전부터 부모님들이 절친한 사이였으니 작은 마을에 두 집안은 한 집 식구처럼 살았다. 눈만 뜨면 자기 집처럼 드나들며 붙어 다니던 우리, 다 자랄 때까지 서로에게 숨기는 게 없음을 의심해본 적이 없었다. 다만 고운 모습으로 다소곳하게 집안일을 잘하여 현모양처감이라는 그녀와, 신부수업에는 관심이 없고 소설책을 손에 잡으면 온종일 방에서 나올 줄 모르던 나는 약간의 차이가 있었다. 그렇게 어머니들 사이에서 이야깃거리가 될 즈음 나는 동생의 학업을 핑계로 대처로 나오게 되었다.

가장 친한 친구라 해서 찾아왔노라 내 손을 잡은 여인의 눈에 눈물이 그렁그렁하다. 친구를 좀 말려 달라는 것이다. 칭얼대는 아이를 다독이는 여인의 작은 손이 뼈만 앙상하다. 위로 아이가 둘이나 더 있다는 말로, 남편을 돌려달라는 이유를 설명할 때는 그 여윈 손이 연신 눈물을 훔치고 있었다.

부끄러웠다. 나는 여인의 손에 잡힌 내 손을 빼내오면서 너무나 죄송하고 창피해서 얼굴을 들 수 없었다. 소설에서나 보았던 일이 친구의 신변에서 일어났다는 것을 상상할 수 없었다. 내가 고향을 떠나 온 후 소식이 뜸하긴 했지만, 우리의 몸은 떨어져 있어도 마음만은 함께한다고 굳게 믿었던 사이였기 때문이다. 나는 친구 대신 진심으로 그 여인에게 사과했다.

인정이 많은 친구였다. 모임이 있는 날에도 같이 사는 조카들을 데리고 나와서 우리들에게 눈총을 받는 일이 여러 번 있었으니까. 정황으로 보아 매사에 냉정하지 못하고 두루뭉술한 그의 성격이 문제였다. 분명히 피치 못할 사정이 생겼을 것이다. 그러니 어쩌면 좋은가. 나는 그녀를 급히 만나야 했다.

이건 아니다. 남의 가정을 파괴하는 일이니 절대 있을 수 없는 일이다. 나는 몇 번의 설득으로 그녀의 마음이 제자리로 돌아오기를 기다렸다. 그것도 모자라 절교를 선언하면서까지 엄포를 놓았지만 소용없었다. 애써 눈물을 감추며 미안하다는 말만 할 뿐, 어떻게 그런 일이 일어날 수 있었는지 친구는 나를 납득시키지 못했다.

우리는 그렇게 헤어졌다. 그녀는 내 곁을 떠난 후 홀로 사는 어머니도 찾지 않았고, 고향에도 발길을 끊었다. 약속이라도 한 듯 나를 찾아왔던 그 여인의 발길이 뜸해지더니 궁금증이 불안함으로 치달을 즈음 여인이 병을 얻어 죽었다는 소식이 들려왔다. 그 일을 전해 듣고 내가 감수해야 했던 놀라움과 죄책감은 내 삶의 많은 변수變數를 만들었다. 세월은, 이제 내 자식의 나이를 그때의 우리만큼 올려놓았고 나는 오늘도 외출하는 아이를 붙잡고 어제와 똑같은 당부를 한다.

"남에게 상처 주는 일을 해서는 안 된다."

돌이켜보면 나 또한 필요 이상으로 자신을 단속하며 살았다. 그녀가 남겨준 상처가 너무 컸기에 모든 일에 신중한 사람이 되려고 했다. 사람을 경계하는 조심스러움으로 어떤 일에도 쉽게 동요하지 않았고, 감정을 조절하여 상대를 배려해야 된다는 다짐은 삶을 무미건조하게 했다. 그로 인해 사람들에게 냉정한 사람으로 평가받기도 한다.

만나고 싶지 않았다. 아니 용서할 수 없는 일이었다. 다 지난 일이니 접어두자는 마음이 없지 않았지만 나 자신과의 약속을 지키기 위해 참고 살았다. 그런데 동생을 통해 그녀가 나를 찾는다는 말을 듣는 순간, 분간 없이 전화번호를 알려 주라 했던 것은 세월의 힘이었다. 수화기 저편에서 친구의 조심스런 목소리가 들린다.

"너 보러 가도 돼?"

"응. 애들은?"

그동안 궁금했던 것을 한꺼번에 묻는다.

"셋 다 결혼했어."

그럴 것이다. 내가 한참 정의감에 불타던 처녀시절 그 여인이 업고 왔던 아기가 막내였으니 우리 애들 큰 것 생각하면 그들은 다 결혼했을 것이다.

"난 아기 낳지 않았어. 내가 무슨 염치로……."

친구는 엊그제 할머니가 되었다.

골목대장

어머니께서 주신 건 저금통장이었다. 아무런 말씀도 없이 내미는 것을 나 역시 무표정하게 받았다. 까만 머리를 가지런히 빗어 넘긴 젊은 시절 고운 모습이었다.

꿈이었다. 특정 은행로고가 선명하게 기억되는 저금통장을, 꿈속에 나타난 어머니께서 내게 주셨다. 꿈이라 해도 믿어지지 않는다. 그럴 분이 아니기 때문이다. 살아계실 때 나에겐 한 푼도 줄 수 없다지 않았던가. 며칠이 지나도록 잊히지 않는 꿈속의 장면이 머릿속을 떠나지 않고 있다.

○○정형외과. 멍하니 서서 병원 간판을 올려다본다. 어젯밤 꿈과 오늘의 이 상황은 어떤 연관이 있는 걸까. 생각에 잠겼는데 휠체어를 탄 사람과 목발을 짚은 사람이 엘리베이터 앞에 서 있다. 그들 뒤에 서서 차례를 기다리며, 이 어려움이 나 혼자 겪는 일이 아니어

서 다행이라는 생각을 해 본다.

남편이 병원에 입원한 건 이번이 처음이다. 평생 건강 하나는 자신 있었으니 병원하고는 거리가 멀었다. 운동도 열심히 하고 먹는 것도 천연식품만 찾는 남편이, 필요 이상으로 몸 관리를 하는 것이 미워서 백 년은 살 것이라 빈정대곤 했지 않은가. 아마도 현대의술로 고칠 수 없는 무서운 병이나, 그 치료를 위한 엄청난 병원비를 책임지겠다는 보험광고가 눈에 들어오지 않았던 것도, 이런 자신감 때문이었을 것이다. 그런데 사고가 났다.

남편이 병원신세를 질 수도 있다는 것은 생각하지 못했다. 병치레 없이 건강하다고 갑자기 닥칠지 모르는 재앙까지 무방비했던 것은 내 실수였다. 무릎 뼈 골절이다. 수술 후 육 개월은 걸을 수 없다고 한다. 의사는 까만 바탕에 여러 개의 금이 선명한 사진을 가리키며 설명을 하지만, 나는 고개만 끄떡일 뿐 아는 것이 없다.

남편이 앰뷸런스로 병원에 실려 갔다는 연락을 받았을 때, 아! 우리한테도 이런 일이 있을 수 있구나 하고 잠깐 생각해 보았다. 내가 병원에 도착했을 때 남편은 기진맥진해 있었고, 붕대로 감아놓은 다리의 크기만으로도 중환자임이 틀림없었다. 그렇게 남편과 나의 병원 생활이 시작되었다.

아침저녁으로 만나는 다른 병실의 환자들과도 친해졌다. 오늘은 공주아줌마가 눈인사를 한다. 샤워실을 자유롭게 드나드는 그분은 병원생활이 두 달째란다. 그분은 멀쩡하다. 밥을 먹는 것도 훨체어를 능숙하게 운전하여 돌아다니는 것도 불편함이 없다. 금방 세수한 얼굴에 물기가 가시지 않은 맑은 피부가 나이를 가늠하기 어렵다.

또 다른 여자환자가 있다. 도시락을 싸들고 찾아 온 중년의 신사가 아내를 만났다. 남편의 방문을 여인이 함박웃음으로 맞는다. 아내의 빈자리를 채우려 회사 일에 아이들을 돌보랴 병 수발까지 동동거리는 남편의 표정은 의외로 밝다. 당뇨가 있어 음식을 가려먹어야 한다는 환자를 위해 직접 식사를 챙겨 나르는 그분의 정성이 예사로 보이지 않는다.

남편과 아내, 둘 중 누가 아픈 게 그나마 다행일까. 문득 밥을 해 나르는 그 여인의 남편이 측은하다는 생각이 들자 이런 경우 남자가 더 힘들 것이라는 결론을 내려본다.

방문객이 다 빠져나간 병실에 남편과 나 둘뿐이다. 외과 병동이라 다리나 팔이 불편한 환자가 대부분인데 그들이 보조기구에 의지하여 외출을 했기 때문이다. 낯선 곳에 둘만이 남겨졌다. 이 무료함과 고요함을 벗어나고 싶으나 움직일 수 없는 남편 때문에 함께 발이 묶인 나는 아무것도 할 수가 없다.

남편의 투정이 시작되었다. 목발도 싫다. 휠체어도 싫다. 내가 왜 저런 걸 의지해야 하느냐. 말도 안 되는 심술을 부리고 있다. 그럼 나보고 업고 다니라는 것인가. 걸을 수 있는 일상이 얼마나 행복한 것이었는지 새삼 거론할 필요가 없는 현실 앞에서 부부는 금시 숙연해졌다.

평생 나하고는 상관없는 일이라 생각했다. 그런데 상상해 본 적도, 있을 수도 없는 일이 벌어진 것이다. 몸이 불편한 사람. 그들의 불행을 남의 일이라 무관심했지 않은가. 본인뿐 아니라 가족들까지 고통의 늪으로 빠져들게 한다는 것을 심각하게 따져 본 적이 없다. 그 모든 것을 남의 일이라 치부해 버렸기 때문이다.

그렇게 황당한 버릇없음에 꿀밤이라도 먹이고 싶었던 것일까. 신은 나에게 벌을 내리셨다. 멀쩡한 도로에서 벌어진 행인과의 말싸움에 남편의 힘자랑이 지나쳤던지 사고로 이어졌다. 순식간의 일이다. 혹시라도 생각해 본 적이 없는 남편의 패배였다.

정형외과 병동. 그곳에 온 종일 나를 기다리는 사람이 있다. 전혀 계획에 없던 일상으로 부부가 함께하는 시간이 많아진 요즈음, 생전 처음 보는 남편의 겁먹은 얼굴이 낯설다. 골절된 다리가 예전처럼 회복될 수 있을지 지켜봐야 한다는 의사의 진단에 남편의 얼굴이 경직되었다. 수심이 가득한 저 표정은 그동안 보았던 대장의 얼굴이 아니다. 항상 자신만만했지 않은가. 문득 꿈에 나타난 어머님이 생각났다. 그날 어머니께서 건네준 저금통장의 의미는 남편에게 닥칠 불행의 예고였을까. 아니면 내 마음속 원망을 다스리라는 계시였을까.

2009. 2. 28.

낯가림

할머니가 되었다. 원치 않았지만 그렇게 되었다. 딸이 가정을 이루고 한 아이의 엄마가 되었으니 자연스런 내림인 것이다. 한동안 그 상황이 당황스러웠던 시간이 지나고 지금은 순간순간 손자의 얼굴이 어른거리는 날이 많아진 할머니가 되었다. 한가한 오후, 아기 사진을 들여다본다. 하루가 다르게 커가는 모습이 실시간 동영상으로 전달되는 편리한 세상이다.

손자가 외갓집에 다니러 왔다. 우리 가족은 아기와 보낼 시간에 부풀어 있었지만 기대와는 달리 제 엄마 품에서 잠시도 떨어지지 않는 아기가 돌아가는 날까지 울고 웃기를 반복하다 갔다.

낯가림이다. 자기 엄마랑 있을 때는 그렇게 편안하게 잘 놀던 아기가 제 엄마가 자리만 뜨면 칭얼대며 우는 것이다. 아기에게 외갓집 식구들의 존재를 알리고 우리가 저를 해치지 않는다는 것을 설명해도 알아듣지 못하는 것이 안타까운 며칠이었다. 나도 애를 셋이나 키운 엄마인데 손자의 마음을 어르는 일은 안 되었다.

온 가족이 둘러앉아 아이의 노는 모습을 본다. 어디서 저런 얼굴을 볼 수 있을까. 어떤 영화에서도 책에서도 볼 수 없었던 아이의 미소가 우리를 기쁘게 한다. 아기는 제 엄마보다는 아빠를 닮은 것 같다. 조용하고 차분한 성품이 사위 쪽을 닮았다. 사위는 우리 집에 와서 한 번도 큰 소리로 말을 하는 걸 못 보았고, 호탕하게 웃는 것도 보지 못했다. 아직은 처갓집이 어려워서 그러려니 하면서도 내가 그렇게 무서운 사람일까 생각해본 적이 있다.

전에 무슨 행사 때인지 딸이 먼저 친정에 도착하고 사위가 다음날 아기와 처를 데리러 오기로 했었다. 사위가 대문을 들어서면서 하루 동안 떨어졌던 아기의 볼에 자신의 볼을 비비는 것으로 반가움을 표현한다. 우리 앞이라 그러기도 하겠지만, 요즘사람 같지 않게 큰 소리로 아이를 어르거나 대화하지 않는 것이 본래의 성품인 듯 보였다.

그런 모습을 대할 때면 사위가 나랑 닮은 구석이 있다는 착각을 해 본다. 모든 것을 말로 표현하기보다는 속으로 삭히는 것이 많아 보여서 그런가, 유전학적으로 말이 안 되는 공통점이 그것이다. 예를 들면 더러는 아내에 대한 불만을 장모인 나에게 털어 놓을 법도 한데, 절대 그런 일이 없다. 딸의 성격을 아는 나로서는 여러 정황으로 봤을 때 미루어 짐작하는 부분이 많다.

멀리 살고 있으니 일 년에 몇 번 만나는 것이 고작이지만 헤어지면 왜 좀 더 잘해 주지 못했을까 후회가 된다. 그렇게 다음을 기약하지만 다시 만날 때면 똑같이 어색하고 어려운 게 사위와 장모 사이인 것 같다.

그들이 돌아간 후 나는 내 자식의 안부보다는 사위가 마음에 걸린다. 밥은 잘 먹고 다니는지 혹 아내에게 할 말도 못하고 사는 건 아닌지 걱정이 된다. 그것은 상대방을 배려하는 것이 몸에 밴 사람이라고, 고지식한 딸이 자기 남편에 대해 잘못 알고 있는 것은 아닐까 염려되기 때문이다. 말을 안 한다고 마음속에 쌓아 놓고 있는 이야기가 없을까.

그런 사위가 가끔은 나에게 전화를 해서 안부를 묻는다. 나도 그들의 사는 모습이 궁금하지만 혹시 바쁜 시간을 뺏을까 염려되어 망설이곤 하는데, 그런 내 마음을 알아차린 듯 사위의 전화가 고마워 반갑게 전화를 받는다. 서로의 안부를 묻는 어색한 시간, 마음속에 있는 말을 정확히 전달하지 못하고 더듬거리며 두서가 없다.

사람들은 나를 보고 무슨 재미로 사냐고 묻는다. 음주가무를 모르니 신명나는 일이 없어 인생이 무미건조할 것이라는 단정이다. 하긴 술과 연관되는 놀이문화가 대부분인 요즘 세태에 적응하지 못하는 나는 보기에 따라 답답하기도 할 것이다. 한두 번도 아니고 매번 그런 소리를 듣다보니 나 역시 그들 대열에 끼지 못하는 위화감에 주눅이 들기도 한다.

색다른 것에 대한 도전에 의욕이 없는 것은 아니다. 더러는 남들 사는 모습이 부러워 심각하게 생각해 본 적이 있다. 그렇지만 선뜻 따라하지 못하는 것은 성격 탓일 수도 있고, 살아온 환경 탓이기도 할 것이다.

다르게 살아보라 충고하는 지인이 있다. 그런데 그게 어디 쉬운 일인가. 매일 먹던 음식을 먹어야 속이 편하고, 매일 보는 사람과 만나는 일상이 편안한 것을. 그렇게 살아온 세월이 이만큼인데 지금부터 다르게 산다는 것이 가능할까. 시작도 해보지 않고 엄살부터 부리니 어쩌면 좋은가. 바라건대 나는 못하거니 우리 자식들이나 다르게 살았으면 좋겠다.

예방접종

앙증맞다. 주인 옆에 딱 붙어 자리를 잡는 폼이 처음은 아닌 듯 낯설지 않다. 사람들의 눈치를 보면서 안기는 붙임성도 굳이 미워할 구석이 없는 녀석이다. 그러나 아무리 예쁘게 봐 주려 해도 음식그릇을 핥으며 쩝쩝거리는 것이 영 마땅찮다. 나는 그 애물과는 눈을 마주치지 않으려 고개를 숙인 채 숟가락을 바삐 움직인다.

뽀삐는 김 여사의 애완견이다. 그녀와 나는 서로의 속내를 털어놓고 지내는 오래된 친구이다. 다만 나와 안 맞는 게 있다면 그녀가 동물을 좋아한다는 것이다. 모임 때마다 뽀삐를 데리고 나오는 그녀가 오늘도 탐탁지 않다.

김 여사가 한숨을 짓는다. 뽀삐의 몸놀림이 예전 같지 않단다. 가족들에게 웃음을 주던 재롱도 시들하고, 탐스럽던 털이 군데군데 빠져 옛날 모습을 찾아보기 힘들다는 것이다. 사고력도 떨어져 이불

에다 종종 실수를 해서 빨랫감이 이만저만이 아니다. 자식이나 되는 양 뽀삐의 건강을 염려하는 김 여사의 눈에 이슬이 맺혔다.

그렇게 될 줄 알고 미리 보내버린 나는 잘한 것일까. 예쁜 짓하고 건강할 땐 좋겠지만 늙고 병들어 우리 곁을 떠나게 되면 받게 될 상처가 두려웠다.

몇 해 전 아이들 성화에 못 이겨 강아지를 분양받았다. 하얀 털이 몽실몽실한 강아지가 귀엽게 생기기도 했지만, 영특함이 사람을 놀라게 할 거라는 친구의 자랑이 대단하다. 졸랑졸랑 사람을 따르는 것이 밉지 않다. 태어난 지 두 달 만에 데려온 강아지를 우리는 '메리'라 이름 지었다.

식구들이 다 나간 시간 나는 메리와 단둘이 남았다. 내가 움직일 때마다 따라다녀 일을 할 수가 없다. 식탁의자에 메리를 앉혀놓고 청소를 시작한다. 큰 눈을 굴리며 내 얼굴과 자기의 발아래를 번갈아 쳐다보면서 꼼짝을 못한다. 낑낑거리는 모습이 안쓰러워 다시 내려놓았다. 금시 온 집안을 쑤시고 다닌다. 휴지뭉치를 다 풀어놓고 그것도 모자라 아무데나 실례를 한다. 할 수 없이 베란다로 쫓아버렸다.

학교에서 돌아온 아이가 메리를 얼른 안아 들인다. 날씨가 추운데 베란다에 내놓았다며 나를 곱지 않은 눈으로 흘겨본다. 아이에게 모질고 독한 엄마가 되어 버렸다. 메리는 집안에 들여놓기가 무섭게 여기저기 오줌을 싸놓고 말썽을 피운다. 신문지로 회초리를 만들어혼을 내본다. 말을 알아듣는지 잠깐은 조용하다. 그렇게 하루해가 저물고 식사준비를 위해 싱크대 앞에 섰는데 발밑에 끈적임을 느낀다.

메리의 퇴출을 결심했다. 아이들의 반대는 아랑곳하지 않고 시골 할머니네로 보내버렸다. 텅 빈 집안에 홀로 있는 시간 문득 돌아보니 의자 위에 앉아 있던 메리가 어른거린다. 그 사이 미운 정 고운 정이 들었나 보다. 내가 이런데 아이들은 오죽할까. 메리가 보고 싶다고 보채는 식구들의 청을 거절할 수 없어 못이기는 척 메리를 보러갔다.

메리는 집을 지키고 있었다. 우리 가족들을 보자 금시 알아보고 뛰어와 안기며 반가워한다. 나를 보고는 무언가 사정을 하듯 꼬리를 내리고 눈가에는 이슬이 맺힌 것도 같다. 그 모습을 지켜보는 마음이 안 좋다. 목욕을 안 시켜 윤기 없는 털은 서로 엉겨 붙었고, 빗질을 하지 않아 눈 주위를 덮은 털이 흉한 몰골이었다.

메리를 쓰다듬으며 아이는 울고 있다. 그러나 다시 데려 갈 수 없다는 엄마의 완강함에 아이는 돌아오는 내내 차창에 머리를 기댄 채 말이 없다.

며칠 후 메리가 아프다는 소식이 왔다. 방안에서만 키우던 개를 밖에 내놓고 키웠으니 적응을 못한 탓이다. 먹는 것도 잠자리도 바뀐 낯선 곳에서 피부병에 걸려 앓고 있을 메리를 생각하면 나도 참 모진 사람이지 싶다.

메리가 동물병원에 입원한 것을 알게 된 것은 아이들의 수군거림이 있어서다. 부쩍 용돈타령을 하는 것이 이상하여 물어보니 메리의 병원비가 아이들의 고민거리였다. 영양실조에 걸려 건강상태가 안 좋다는 메리가 곧 죽을지도 모른다는 말에 가슴이 철렁 내려앉는다. 배설물을 치우기 싫어 밥을 조금씩 주었고 시어머니께도 먹을 것을 많이 주면 안 된다고 강조했었다. 내내 마음이 쓰였는데 메리의 병이 내 책임인 것만 같다.

"동물은 사람을 배신하지 않습니다. 정 붙여 키워 보시지요."

선한 눈매를 가진 젊은 수의사가 웃음을 지으며 말했다. 금시 내 마음을 들켜버린 것 같아 얼굴이 붉어졌다.

그거였다. 내가 그동안 마음속에 담아 놓고 염려했던 일이다. 오물을 치우는 것도, 집안을 헤집고 다니는 것도 살아있는 생명으로 생각하면 문제가 되지 않는다. 단지 언젠가 내 곁을 떠날 것이란 불안감이 나를 힘들게 했다. 갑작스런 어머니와의 이별을 경험한 나로서는 아이들이 메리와 정드는 것을 막아야 했기 때문이다. 언젠가 아이들이 받게 될 상처를 미리 예방하려면 어미로서 당연한 일이었다.

나라고 마음이 편한 것은 아니었다. 그런 죄책감에 아이들의 원망도 달게 받았다. 또한 동물은 사람을 배신하지 않는다던 수의사의 말이, 사람처럼 모진 동물이 없다는 말로 들려서 부끄럽기도 했다. 머릿속에선 다 알 것 같은 모든 상황이 감정 속에 들어가면 말끔히 사라져버리니 어쩌면 좋은가. 오늘도 아이들에게 나의 생각을 주입시키려는 나를 발견하고 멈칫 말을 아낀다.

황새 따라잡기

뇌물과 선물의 차이는 무엇일까. 연일 부도덕한 뇌물을 받았다는 선량들의 얼굴이 공개되어 국민의 눈살을 찌푸리게 하고 있다. 사람의 마음을 움직이는 데 물질공세만한 것이 없다지만 그 욕심이 어디까지인지 의문을 갖게 하는 어수선한 시국이다.

전 재산을 사회에 환원하겠다는 대권후보가 나왔다. 어떤 마음으로 그런 결정을 내렸는지 온 나라가 경제적 침체에 빠져든 판이라 귀가 솔깃하긴 하다. 그런 결정을 내리는 데 정말 갈등이 없었을까. 어디까지 진실인지 변함없는 그분의 표정에서 사람들은 의심의 눈총을 차츰 거둬들이고 있다. 나 역시 그분의 약속이 당장의 이익만을 위한 공약이 아니길 바라는 마음으로 가진 자의 후덕함을 기대해 본다.

선물을 받았다. 극구 사양하였지만 부득이 주소를 알려줄 수밖에 없었던 예비사돈댁에서 보낸 것이다. 거르지 않고 명절을 챙기시니 분에 넘치는 선물을 받아들고 마냥 기뻐할 수만 없고, 진즉 내가 먼저 인사를 했어야 하는데 차일피일 미루다 보니 이번에도 선수를 놓쳤다. 매번 겪는 이 행사에 익숙해져야 할 텐데 그 일이 생각처럼 쉽지 않으니 여간 신경이 쓰이는 것이 아니다.

박스를 연다. 가지런한 인쇄물이 차곡차곡 쌓여 있다. 우윳빛 고운 카드에 리본이 매어있는 청첩장이다. 한 달 후에나 있을 아이들의 결혼을 알리는 청첩장을 사돈은 일찍도 만들어서 보내왔다. 조심스럽게 집어 들고 문구를 들여다본다. 날짜와 내 자식의 이름이 선명한 낯익은 글자이다. 이제 진짜구나. 청첩장을 받아드니 아이의 결혼이 실감된다.

"리본을 해 봤는데 어떠세요?"

"네, 좋아요."

사돈은 매사에 열정적이다. 어느 것 하나 소홀하지 않게 성의 있고 진실하게 바쁜 나의 일상을 배려한다. 아이의 혼수품까지 일일이 체크하고 동분서주하시니 그 수고로움에 친정어미인 나는 몸 둘 바를 모르겠다. 멀리 있는 지인에게는 우편으로 청첩장을 보내려 한다. 전화나 인터넷이 발달한 세상이니 그리해도 되겠으나, 마음에 와 닿는 방법이 아닌 듯해서 명단을 정리하고 주소를 옮겨 적는다.

배가 나온 청첩장에 글씨를 쓰는 일이 마땅치 않다. 리본이 도드라져 지인의 이름을 적는데 여간 불편한 게 아니다. '청첩장에 웬 리본, 이것도 다 비용일 텐데.' 울룩불룩한 사각봉투가 부피를 높게

하여 가지런히 쌓아놓은 몸체의 균형을 잃고 무너져 내린다. 청첩장이라는 게 결혼식 날짜를 알리는 데 목적이 있을 텐데 구태여 모양을 내고 비용을 들여 남보다 튀게 할 필요가 있었을까. 슬그머니 불만이 터져 나온다.

나는 겉치레를 좋아하지 않는다. 그리 넉넉지 못한 삶을 살았으니 어쩌면 절약이 몸에 배어서인지 모르겠다. 모든 일을 간단명료하고 도리에 어긋나지 않게 살면 되는 것이지, 남에게 보이기 위한 체면치레는 내게 어울리지 않는다. 그런 내게 이번 혼사는 많은 걸 깨닫게 했다. 사람이 살아온 환경이 얼마나 중요한 것인지를 알게 했고, 가치관이 다른 데서 오는 갈등도 있었다. 부인하려 해도 빈부의 차이를 인정해야 되는 것이 상처로 남기도 했다. 그 모든 것을 사랑과 이해로 감싸 안을 수 있을 것이라는 착각은 시간이 지날수록 나를 힘들게 했다.

관습법이라는 게 있다. 민법이나 형법과 같이 문서와 형식을 갖추지 않아도 모든 법의 우선시되어, 관습을 중요시 하는 효력을 가진 법을 말한다. 세월 따라 형편 따라 그 법은 조금씩 달라지기도 했는데 혼사에 있어서도 사람들은 그 법에 어긋나지 않으려 노력한다. 굳이 거론하지 않아도 서로를 이해하고 배려하라는 데 의미를 둔 것이니 이론적으로 맞는 말이다. 그러나 서로 다른 사람들이 부대끼다 보면 감정이 개입되고 그 한계를 다스리지 못하면 어쩔 수 없이 상처를 받는 일 또한 다반사인 것이 현실이다. 사돈으로 맺어지는 관계가 그 좋은 예일 것이다.

나는 딸자식이 경제적으로 풍요로운 곳으로 시집가길 바랐다. 그것은 우리보다 조금 나은 경제의 자유로움을 의미하는 것이지 당치않은 부를 탐한 건 아니었다. 다행히 '딸 혼사는 치켜서 하고 며느리는 아래서 데려와야 편안하다.'는 옛말이 있어 힘에 부친 혼사를 앞둔 나로서는 조금 위안이 되었다. 모든 일에 적극적인 사돈댁에 준비를 맡기고 조용히 한 발짝 물러서서 따르기만 하면 되는 것이니 그 또한 편한 일이었다. 그렇게 다짐했으나 가끔씩 자식사랑을 내세운 이기심이 고개를 드는 건 어쩔 수 없는 사람 마음인지. 서로의 입장과 생각이 다른 데서 오는 차이를 이해하지 못하고 속을 태우기도 했다.

그랬다. 환경이 다른 차이에서 오는 세상이치를 깨닫지 못하고 스스로 열등감에 젖어 상처를 받았다. 평소의 소신이 무너지는 것이 안타까워 며칠을 끙끙 앓기도 했고 적지 않은 시간을 전화기 앞에서 서성이기도 했다. 상대방의 입장을 배려할 줄 모르고 내가 세워놓은 틀 속에 갇혀 애를 태웠지 않은가. 생각하기에 따라 아무것도 아닌 일을 가지고 자존심만 고집했던 어미의 욕심은, 때때로 아픈 화살이 되어 자식에게로 날아갔다.

모든 일에는 후회가 따르는 것일까. 잔치를 며칠 남겨놓고 있는 지금, 나는 아이가 받았을 상처가 빠른 시일 내 치유되기를 간절히 빌어본다.

2008. 3. 26.

그날이 오면

몇 달 동안 비어 있던 가게가 사람들로 북적인다. 마네킹이 세워지고 물건을 포장한 박스가 쌓여 있는 걸 보니 옷가게가 들어올 모양이다. 대로변이 아니라 사람의 통행이 잦은 곳이 아닌데 옷가게가 잘 될까. 한동안 주인을 찾지 못했던 그 가게는 예쁘게 꾸며 놓은 내부 시설이 아까워 자주 들여다보던 곳이다.

하필 수의가게이다. 주름살 없이 고운 피부의 남자와 여자 마네킹을 세워놓고 수의를 입혀 놓았다. 출근길에 윈도우에 나란히 세워진 그 모습이 어찌나 소름이 돋던지 얼른 고개를 돌려 버렸다. 출입문에 '윤달에 부모님 수의를 장만하여 효도하십시오.'라는 문구를 크게 적어 놓은 것도 나를 놀라게 했다. 세상이 달라졌다. 모두가 꺼리는 죽음에 대하여 드러내놓고 준비하라 홍보하는 세상이 되었지 않은가.

수의에 대해서는 어린 시절 얼핏 할머니께 들었던 기억이 있다. 죽어서 입고 갈 옷을 미리 장만해 놓으면 좋은 데로 간다는 말씀을 했던 것 같다. 그런 게 정말 있을까 웃음으로 흘려버렸던 일인데, 그 일로 아버지와 할머니가 말다툼하시던 일이 가끔 떠오르는 것은 세월의 흐름과 무관하지 않을 것이다.

나하고는 상관없는 일이라 생각하고 살았다. 그런데 어머니의 장례를 치르면서 생의 마지막에 대하여 생각하게 되었고 의문점을 발견하였다. 그 절차의 복잡성과 격식에 따른 예절이 여러 가지 의미로 다가왔기 때문이다. 사람이 태어나 살아가는 것에 정성을 들였다면, 남겨진 사람의 책임과 도리가 마음만으로 되지 않는다는 것도 처음 알았다. 할머니가 다음 세상에 입고 갈 옷에 대하여 왜 그렇게 집착을 했는지도 조금은 알 것 같았다.

종류도 많았다. 무엇보다 경황이 없는 상주를 상대로 펼쳐지는 상술이 어디까지가 진실인지 구별해야 하는 현실이 당황스러웠다. 그렇다고 그 일을 대비하여 미리 준비를 해놓는다는 것이 민망한 일이라서, 살아계신 시부모님께는 아직 상의 드리지 못하고 있다. 그런데 그 유쾌할 수 없는 자식의 도리를 도와주겠다는 가게가 버젓이, 그것도 주택가 한복판 도로변에 등장했으니 놀라운 일이 아닌가. 죽지 않고 사는 사람은 없을 테니 생각하기에 따라 편리한 일인 것 같지만 썩 내키지 않는 그 준비에 나는 무관심하고 싶었다.

그분의 소식을 들었을 때 우리는 믿지 않았다. 몸도 마음도 건강해서 전혀 예측을 못했던 일이니 그 놀라움은 더욱 컸다. 문명의 발달로 사람들은 살기 좋은 세상이 되었다지만 그에 따른 부작용은 건강을 해치고 있다. 쉼 없이 발표되는 건강 지킴이의 홍보가 만연해도, 범접할 수 없는 운명에 인간은 질 수밖에 없는 모양이다.

그분의 경우가 그랬다. 평생을 조용하던 분으로 남에게 폐를 끼치는 일이 없었고, 남을 배려하는 이해심은 사람들에게 상담사역할을 했지 않은가. 그런 성격이 문제가 되었을까. 깔끔한 성품이 내적으로 스트레스가 되었던지 현대의학으로 어쩔 수 없다는 의사의 포기는 그분의 몸 상태를 짐작게 했다.

그들 부부가 몇 달째 모임에 나오지 않아 내가 찾아 나섰을 때 병원에 있다는 걸 알았다. 잠시 요양 중이라는 부인의 말만 믿고 자주 들여다보지 못했다. 무슨 생각인지 남편이 중환자가 될 때까지 외부에 알리지 않았던 여인. 병명을 숨기고 환자가 사람 만나는 것을 싫어한다는 이유로 우리의 문병을 거절했다. 그러다가 그분이 떠났다는 전화를 받았다. 어쩌면 그렇게 담담하게 남편의 죽음을 알릴 수 있는지. 나는 그녀의 태도를 이해할 수 없어 한참을 혼란스러웠다.

"남편이 있을 때랑 똑같이 대해 주세요."

마주잡은 손에 힘을 준 미망인의 눈에서 진실함을 찾고 있다. 남편들의 직장이 같아서 한 달에 한번 부부모임을 갖는 사이였던 우리. 그녀가 사람을 대하는 태도가 달라졌다. 오는 내내 그녀의 얼굴을 어떻게 볼까 고민했는데 초연해 보이는 미망인 앞에서 오히려 내가 당황했다.

결국 죽음이란 남은 사람이 떠난 사람을 그리워하는 것일 뿐, 누구도 자신의 죽음을 대비할 수 없다는 결론을 내려 본다. 어차피 자의적으로 되는 것이 아니라 신이 정해 놓은 순서에 따를 수밖에 없는 것이라면. 죽은 다음의 일은 남겨진 사람의 몫이기 때문이다. 한낱 저세상에 입고 갈 옷을 준비하는 것이 무슨 소용이란 말인가. 살아 있음에 충실하기도 어려운 게 현실인 것을.

마음 누수

예쁘다. 화를 내는 모습조차 귀여워 동생처럼 딸처럼 친근하게 느껴진다. 남편도 같은 생각인지 새댁의 말을 다 받아준다. 어쩜 저렇게 상대방의 말을 친절하게 들어주는지 살면서 남편의 저런 모습은 본 적이 없다.

문제가 생긴 건 한참 전이다. 무심히 보았던 계단의 색깔이 언젠가부터 달라지고 있었다. 벽을 타고 내려오는 가는 물줄기가 계단을 적시고 있는 것이다. 아래 위층을 연결하는 돌계단의 색깔이 짙어지는가 싶더니 얼룩이 되어 번지고 있다. 집을 지었던 사람에게 항의를 했고 알 만한 사람 모두에게 현장을 보여 주었다. 온갖 기동력을 다 동원하였지만 몇 달째 부실의 원인을 찾지 못한 채 애를 태우고 있다. 오늘은 누수탐지기를 이용하여 집집마다 배관을 점검하기로 했다.

102호 앞에서 초인종을 누른 후 대답을 기다린다. 잠시 후 거칠게 문이 열리고 금방 세수를 한 듯 물기 어린 여인의 얼굴이 나타났다. 화장기 없이 맑은 피부가 눈이 부시다. 우리는 새댁의 표정부터 살핀다. 휴일을 방해해서 미안하다는 말에 새댁이 대답은커녕 싸늘하게 비켜선다. 일행은 죄인처럼 집안으로 들어갔고, 초빙된 기술자와 눈빛으로 사인을 보낸 후 작업은 시작되었다.

사람을 잘못 보았다. 기왕이면 상대방의 기분을 상하지 않게 하면 좋을 텐데 어쩌면 저렇게 모질게 말을 할까. 사생활을 침해했다며 작업 중인 어른들에게 노골적으로 불쾌함을 표시한다. 집 사정이야 어찌되었건 상관할 바 없다는 식이다. 예의 바른 사람이라 여겼는데 그녀의 돌변한 태도가 당황스럽다.

며칠 전부터 게시판에 공고문을 붙여 양해를 구했던 일이지 않은가. 자기가 살고 있는 건물에 문제가 생겼고, 그 문제의 해답이 없어 애를 태운 시간이 얼마나 지났는지. 결국 기계의 힘까지 빌리게 된 것인데 좀 힘들어도 참고 협조해야지, 저 불손한 태도는 무엇인가. 남편은 새댁을 이해시켜 보려고 상황을 설명하고 사과를 하느라 여념이 없다.

그동안의 믿음은 산산이 부서졌다. 버릇없이 면전에서 주인아저씨에게 대드는 것도 모자라 전화를 걸어 따지는 사생활 침해론이 저녁까지 이어졌다. 수화기를 넘겨주는 남편의 표정이 일그러졌다. 이 집이 좋아서 살았던 게 아니라 이사할 시간이 없어 할 수 없이 살았다는 말이 비수가 되어 꽂힌다. 그동안 서로 맘 상한 일이 없었는데 그것이 나 혼자만의 생각이었는지, 그녀는 우리 집에 불만이 많았던가 보다. 고운 사람이 어쩜 저렇게 정 없이 말을 하는지. 밤새 새댁이 한 말이 목에 걸려 숙면을 취하지 못했다.

검사결과는 이상 없음이다. 어느 집이든 배관에는 문제가 없다는 것이다. 다만 102호에 세탁기 수도꼭지의 조임이 느슨하여 물이 새어 나오는 것이 의심의 전부였다. 연결 부위에 고무패킹을 갈아 끼우고 나사를 조인 후 작업은 싱겁게 끝이 났다.

신기하다. 물의 양이 서서히 줄어들고 있다. 어이없게도 전혀 예상하지 못했던 곳에서 원인이 발견된 것이다. 그거였다. 그동안 수도꼭지에서 조금씩 새어 나온 물이 집안에 스며들어 낮은 곳으로 흐르다 보니 방바닥을 지나 층계를 타고 내렸던 것이다.

화가 난다. 그렇게 수돗물이 새는 곳이 없는지 확인해 달라는 당부를 세입자 모두에게 부탁했지 않은가. 각자 조금만 주의를 기울였다면 이런 고생은 하지 않았을 것이다. 쓰지도 않고 낭비된 물은 차치하고라도 이 년이란 세월을 마음 졸이며 살았던 것이 어처구니 없다. 매일 하는 빨래에 세탁기 호스에서 새는 물을 발견하지 못했다니 그것은 자기 집이 아니기 때문에 오는 무관심이 만들어 낸 사고였다.

며칠이 지나도록 나는 그녀에게 사과를 받지 못했다. 죄송하다는 한마디가 그렇게 어려운 것인지. 매사에 반듯한 새댁이 어째서 사람의 도리를 알지 못하는지 이해할 수 없었다.

기다리던 대답 대신 새댁은 이사를 통보해 왔다.

"죄송합니다. 불쑥 튀어나온 말이니 마음에 담아 두지 마세요."

밤새 연습을 했는지 어색한 몸짓과 시선을 떨어뜨린 눈빛에 미안함이 담겨있다. 나에게도 저런 시절이 있었을까. 그 모습이 너무나 순수하고 예쁘다. 금시 마음이 풀어져서는 화해의 손을 내미는데 새댁의 미소가 곱다. 그런데 그녀는 언제부터 우리 집이 싫었을까 기억을 더듬어 본다.

이사 와서 바로 내게 뭔가 부탁을 했던 것 같다. 그런데 거절했다. 아마도 집의 미관을 해치는 일이라 허락하지 않았을 것이다. 집주인으로서 당연한 일이라 생각했고 까마득히 잊고 지냈다. 필시 그 일이 상처가 되었던 게 분명하다. 그녀의 마음속 누수는 그때부터 시작되었을 것이다. 사과는 내가 먼저 했어야 했다.

외도外道

화면 속 포옹장면이 어색하다. 한때 연인이었던 두 사람이 세월의 벽을 뛰어넘지 못하는 해후를 보고 있다. 역시 사람의 감정이란 시간이 지남에 따라 변하기 마련인가 보다.

봄이 왔다. 지난겨울 매섭게 불어 닥친 한파도 자연의 법칙에 따라 순순히 자리를 내놓았다. 산과 들이 기지개를 켠다. 먼 산 아지랑이가 손에 잡힐 듯 가깝게 느껴지는 계절, 그곳을 향해 걷는 발걸음이 가볍다.

아이처럼 신이 나서 걷는다. 구불구불 허옇게 보이던 등산로에 녹색의 푸름이 짙어지면서 사람들의 발길도 잦아졌다. 며칠 전 이쯤에서 만났던 사람. 매일 같은 시간 나의 발걸음을 이곳으로 향하게 만든 그 사람을 찾고 있는 중이다.

없다. 한참을 서서 주위를 돌아보지만 아는 얼굴은 만나지 못했다. 그저 잠깐 스쳐 지나간 사람인데 돌아서는 발걸음이 이렇게 아쉬운 것은 무슨 의미일까.

힘없이 주저앉아 거울을 꺼내본다. 그 속에 낯선 여인이 물끄러미 나를 쳐다본다. 화들짝 놀라 거울을 닫아보지만 세월의 덧없음은 여실히 드러났다.

그날 아이의 손을 잡고 올라오던 그 사람을 보고 놀랐던 일을 떠올린다. 당황한 얼굴을 숨긴 채 그들 부자가 내 곁을 지나칠 때까지 숨이 멎을 것 같은 긴박감에 싸였었다. 우스운 일이다. 어느 봄날 한적한 등산로에서 만난 사람이 그 사람을 닮았다는 것이 그렇게 놀라운 일이었을까. 나이에 맞지 않게 안면홍조는 또 무엇으로 설명할 것인가.

아무것도 아니다. 세상에 닮은 사람은 많기 때문이다. 단지 어찌할 바 모르고 엉거주춤 서 있는 내 모습이 우스꽝스러웠을 뿐 그들은 아무런 반응도 없이 저만큼 멀어지고 있었다.

그런 일이 있었다. 꼭 이맘때로 기억되는 세월 저편의 그날, 푸른 잎이 울창한 가로수 밑을 촘촘히 걸어 나오던 남자. 이 봄 문득 그 사람이 떠올라 가슴 두근거리는 설렘을 경험한 것일 뿐 아무 일도 아니다.

며칠이 혼란스러웠다. 그 사람에 대한 기억은 흘러간 옛이야기로 치부하고 살았기 때문이다. 상대방의 관심을 일방적인 것이라 웃어넘길 수 있었던 시절. 장맛비가 오던 그날도 나는 그와의 약속을 묵살한 채 볼일을 보러 버스에 올랐었다. 버스가 약속장소를 지날 때, 아직도 그곳에 덩그러니 서 있던 남자. 시간이 한참 지났는데도 그 자리를 떠나지 못하고 공원 입구를 서성이던 모습에 큰 의미를 두지 않았다. 아마도 그의 행동이 신기하여 우쭐했던 기억이 맞는 표현인 것 같다.

그 정도의 미안함은 흔한 일이다. 그러니 잊어버려도 좋다. 마음속에 최면을 걸어 두었던 것은 무언가 편치 않은 것이 있었기 때문일까.

삼십 년 전 일이다. 다 잊었다고 생각했던 얼굴인데 우연히 마주친 젊은이를 보고 그때 일이 떠올랐다. 저렇게 닮은 사람이 있을까 놀라웠고 앞뒤 정황 없이 철없던 시절의 오만이 부끄럽게 느껴졌다. 죄의식 같은 것이었는지도 모르겠다.

며칠째 같은 시간 산에 오른다. 어제와 같은 자리에 이르러 주위를 돌아보는 것도 습관이 되었다. 그 사람을 기다리기라도 한단 말인가. 나의 내면에 감춰진 또 다른 내가 있다는 것에 당황했다.

한결같을 수 없었던 세월, 힘들고 어려울 때면 그때, 그 사람을 아프게 해서 벌을 받는 것이라 생각했던 적이 있다. 나아가 그 사람이면 어땠을까 비교하는 일도 있었다. 문득 한 번씩 어떻게 살고 있는지 궁금하였고, 마음이 쓰여 그 시절을 돌아보았다면 부정한 삶이었을까. 그것은 갚지 못한 채무 같은 것이었다.

그런 마음을 들키지 않으려 노력하며 살았던 듯하다. 그렇게 속마음을 드러내지 않고 애쓰며 살았던 것이 남편에게 떳떳하지 못한 것이었다면, 내색할 줄 모르는 남편의 무던함이 내 마음속 반란을 무사히 넘어가게 했는지도 모르겠다.

몸이 편하니 그런 센티멘털에 젖는 것이라 들이댈 남편의 얼굴이 떠올라 도리질을 해 본다. 수십 년 세월이 흐르는 동안 우연이라도 마주치지 않았던 사람. 그 사람의 대한 기억은 다시 가슴속 한편으로 밀어 넣는 것이 자연의 순리일 것이다.

2002. 3.

가난 유죄

한가하다. 계속되는 불경기에 문의전화 한통 걸려오지 않는 사무실은 조용하다. 새로운 집으로 이사를 하겠다는 사람은 없고 집을 내놓는 사람만 있으니 거래는 실종되었다. 이 불황이 언제까지 계속될 것인지 주위엔 사무실 임대료도 낼 수 없는 사업장이 속속 문을 닫는 일이 생겨나고 있다.

퇴근 무렵 찾아온 여인은 얼굴에 그늘이 있다. 말하지 않아도 느낌으로 알 수 있다. 신혼집을 구하는 새내기부부라면 표정부터 다르기 때문이다. 보통은 부모가 자녀와 함께 방문하지만 부모는 들러리만 설 뿐 본인들이 살 집이니 선택권은 자식에게 있다. 나는 아이의 손을 잡고 들어선 여인을 자리에 앉히고 대화를 시작하면서 방금 전 집을 내놓고 간 노인을 떠올렸다. 그분의 집이라면 이 여인에게 잘 어울릴 것 같다는 직감이 들었기 때문이다. 일을 하다 보면 오늘처럼 약속이나 한 듯 타이밍이 딱 맞아떨어지는 경우가 있어 신이 날 때가 있다.

중개란 양쪽을 다 만족시켜 계약을 성사시키는 일이다. 만약 어느 한쪽에 치우친 중개를 했다면 그건 원만한 성사가 될 수 없을 것이다. 국가에서는 부동산거래에 있어 생겨날 수 있는 불상사를 미리 예방하고자 공인중개사란 국가고시제도를 두고 있다. 선의의 피해자가 생기지 않도록 만약을 대비한 중개 업무에 제약을 두자는 취지인 것이다. 과거 세입자들이 겪어야 했던 억울함이 있었다면 지금은 그들의 권리를 보장하는 제도가 있어 세입자가 우선 보호되는 세상이 되었다.

사람들은 부자가 되기 위해 노력한다. 부자란 재산이 넉넉한 사람이라는 국어사전의 기술이 아니더라도 사람들이 느끼는 부자의 의미는 각자의 잣대에 따라 다를 것이다. 보통은 자기가 사는 집 말고 다른 건물이나 토지를, 또는 예금액이 많은 사람을 가리키지 않을까. 평생 누울 자리 하나 구하기 힘들었다는 어느 노숙인의 말처럼 한 채의 집을 갖기도 어려운 세상에 두 채 세 채의 집을 가진 사람은 분명 부자임에 틀림없다.

사람이 태어나 성인이 되면서 의식주에 관심을 갖게 된다. 약간의 차이는 있겠지만 그중 하나인 주거에 더 큰 관심이 있다면 그들이 재테크에 돌입하는 건 자연스런 일이다. 나는 그들에게 조언과 정보를 제공하여 시간과 경비를 절약하는 데 도움을 주는 일을 하고 있다. 사람의 보금자리를 마련해 주는 일이지 않은가. 그것은 명의를 받는 일이거나, 다른 사람의 집을 빌려서 살게 하는 일을 중개하는 것이 나의 역할이다.

사람들이 더 나은 환경을 찾아 보금자리를 옮길 때 자기의 거처를 정한 후에 남는 집을 필요한 사람에게 빌려주는 제도가 있다. 오늘처럼 세를 들 사람과 놓을 사람 그들 양쪽을 중개하여 서로 만족할 수 있도록 돕는 일을 한다.

약속한 시간이 한참 지났다. 미리 도착한 집주인은 기다리고 있는데 세를 얻기로 한 여인은 연락이 되지 않은 채 해가 저물도록 나타나지 않고 있다. 그럴 사람이 아니라는 내 말만 믿고 한참을 기다리던 집주인이 씁쓸한 표정으로 문을 나선다. 사정이 생겼으면 변명이라도 하는 것이 사람의 도리일 텐데, 도저히 어떤 이유로도 이해되지 않는 여인의 처사가 여간 불쾌한 게 아니다.

집주인이 돌아간 텅 빈 사무실을 지키고 앉아 문소리에 촉각을 세우고 있다. 바람을 맞은 게 확실한데도 희망을 놓지 못하고 내 생각이 다르지 않기를 바라는 미련함이다. 이번이 처음은 아니다. 매번 겪으면서도 상대방이 내 마음과 같을 것이라는 믿음이 낭패를 불러온 것이다. 결국 경험으로 사람을 꿰뚫어 볼 수 있다는 자신감이 휴일 오후를 고스란히 반납하는 실수를 낳고 말았다.

괜히 이쪽으로 발을 들여놓았는지 모르겠다. 전업주부로 사는 무료함에 전환점이 되려나 싶어 시작한 일인데 처음 생각과는 달리

의욕이 상실되고 있다. 노력만큼 능력을 인정받지 못하는 것에 후회와 갈등도 있다. 그렇다고 쉽게 결단을 내릴 수도 없다. 지켜보는 사람이 많은데 여기서 좌절하고 다시 집으로 돌아간다면 체면이 아니지 않은가. 사람에게 자기만의 그릇이 있는 것인지 보는 사람마다 나와는 맞지 않는 일이라 하니, 어렵게 선택한 진로가 축복받지 못하는 서운함에 기운이 빠진 지 오래이다.

가진 자에 대한 무조건적인 적개심은 옳지 않다. 그들이 부자가 되기까지 노력과 성실함의 전제하에 이뤄낸 결과라면 모두의 부러움을 받는 게 당연하다. 자신의 말과 행동의 책임으로 축적된 부를 놓고 함부로 평가해서도 안 된다. 없다는 것 가난하다는 것이 자랑은 아니지 않은가. 무작정 남을 부정하여 자기의 빈곤을 정당화하는 것은 비겁한 것이다. 자기의 무능력을 합리화 시키려고 세상을 원망하지 않았는지. 그렇게밖에 살 수 없는 것이 본인 책임은 아니었는지 돌아볼 일이다.

3
어떤 인연

사랑 확인 중

초대장을 손에 들고 뒷자리에 앉는다. 리허설 중인 아이에게 들킬세라 고개를 숙인다. 침묵이 흐르는 객석은 몸을 숨기기에 적당하게 어두웠다. 버릇처럼 지난 시간들을 돌아본다. 자꾸만 눈앞에 안개가 어른거려 흐려진 시야는 공연을 보는 데 방해가 될 것이다. 나는 슬며시 일어나 앞자리로 옮겨 앉았다.

아이가 춤을 춘다. 가볍게 일렁이는 몸의 움직임이 신비롭다. 율동으로 전해지는 무언의 메시지가 뜨거운 김을 불어넣는 듯 가슴이 뭉클하다. 아이에 대한 미안함이 허공을 향해 넘실대는 손의 리듬을 따라 나의 기억을 깨운다.

예능교육이 특별한 사람에게 부여된 사치로 보이던 시절, 아이가 무용을 시작했다. 안 된다고 달래고 윽박지르고 설득해 보았지만 꺾이지 않는 아이의 각오에 나는 당황했다.

초등학교 운동회날, 유니폼을 입지 않은 조그만 여자아이가 언니들의 줄 맨 뒤에 서서 무용을 따라하고 있다. 관중들의 웃음소리에 내 아이란 걸 알아 차렸다. 그러나 빽빽이 들어찬 사람들을 헤치고 운동장 가운데 있는 아이를 데려올 용기가 없었다. 창피해서 빨갛게 달아오른 얼굴로 운동장만 주시했다. 모든 동작이 끝나고 퇴장할 때까지 자기 자리를 지키며 마무리까지 하던 다섯 살 아이에게 사람들은 박수를 보냈다. 그 배짱과 넉살은 나를 닮지 않은 아이였다.

눈만 뜨면 좁은 거실에서 춤추는 아이를 산만하다고 몰아세웠다. 걷기 시작하면서 보여준 몸놀림이 예사롭지 않았지만 모르는 척 동요하지 않았다. 아이가 학교에서 나는 음악 소리에 언니를 보러간다고 내달릴 때마다 머릿속에서 안 된다고 되뇌지만 붙잡아 앉힐 수는 없었다. 환영할 수 없었던 아이의 무용 수업은 초등학교에 입학하고도 오 년이 지난 후에야 묵시적인 일이 되어 있었다.

연습실에서 땀에 젖어 들어서는 아이가 기진맥진해 있다. 부모가 알아주지 않는 자기공부에 누구의 도움도 바라지 않고 혼자서 해나가고 있었다. 대견한 일이었지만 칭찬보다는 무관심으로 일관했다.

나는 딸애의 무용공부가 취미 정도의 것이길 바랐다. 크고 작은 대회에서 입상트로피를 안고 귀가하는 아이가 한편 두렵기도 했다. 힘을 실어 줄 수 없는 부모의 입장을 설명하기에는 아이의 공부는 이미 깊이를 더해가고 있었기 때문이다. 그날도 레슨을 받으러 먼 길을 가는 아이를 버스에 태워 보낼 뿐 따라나서지 못했다.

아이는 뒤돌아보지 않았다. 어미는 금방이라도 뛰어가 차에 오르고 싶었지만 혼자서 보내는 일이 처음이 아니기에 지켜만 보았다. 수업을 받고 당일로 되돌아와야 할 아이의 일정에 늘 마음을 졸였지만 내색하지 못했다. 어미가 사준 사탕봉지를 감싸 안고 꼿꼿이 앉아 있는 아이의 뒷모습을 보며 이제는 도저히 말릴 수 없는 지경에 이르렀음을 깨달았다.

"정류장에 남겨진 엄마를 보면 눈물이 날 것 같아 뒤돌아보지 않았어요."

비용을 아끼기 위해 수업에 홀로 보내야 했던 어미를 의젓하게 위로하던 아이는 그때 중학교 일학년이었다. 그렇게 몸도 마음도 미리 커버렸던 아이가 이제 대학생이 되었다.

연습실에 가겠다고 준비하던 아이 얼굴에 불만이 가득하다. 용돈을 더 올려주고 신용카드를 만들 수 있도록 허락해 달란다. 비싼 옷이 좋아 보이고 친구들의 여유로운 환경도 부럽다 한다.

엄마의 입장이 되어 보라했다. 부모로서 할 수 있는 최선을 다했음을 강조했다. 아이는 한마디도 지지 않고 뼈아픈 말로 받는다. 서운하다. 하고 싶은 말이 얼마나 많은지 가슴이 터질 것 같다고도 했다. 차가운 얼굴에 목소리는 냉정함을 더한 채 똑 부러지게 따지고 든다. 언니와 차별한 일. 무용하면서 혼자 힘들었던 일, 지방으로 레슨 갈 때 단 한 번도 동행해 주지 않았던 일, 남동생이 태어나면서 자기가 받아야 했던 불이익까지 어쩌면 그리도 조목조목 들이대는

지. 오늘은 또 다른 기억까지 말한다. 동생과 나눠 먹지 않은 간식 때문에 매를 맞은 적도 있다는 것이다.

언제 그런 일이 있었을까. 내가 먹는 것까지 아이를 차별했을까. 그렇게 모진 엄마였단 말인가. 웃어넘길 수 없는 아이의 기억력이다. 연민의 눈길로 아이를 바라본다. 자기만 미워한다는 피해의식이 나에 대한 원망으로 발전한 것이다. 묵묵히 불평 없던 아이의 마음속에 그렇게 깊은 골이 파인 줄은 몰랐다. 어느새 무용만 할 수 있다면 모든 걸 감수하겠다던 약속은 다 잊어버린 듯 내 마음을 할퀴어 놓는다.

"너 같은 딸은 필요 없다."

감정을 자제하지 못하고 심한 말을 하고 말았다. 아이가 털어놓는 불만에 서운함을 표현한다는 것이 배신감 운운하며 차갑게 받아넘겼다. 문을 박차고 나가던 아이의 눈에 금방이라도 터질 것 같은 눈물의 의미를 어쩌면 좋은가.

가슴이 먹먹하다. 엄청난 교육비가 버거울 때면 예체능교육을 시키면 집안이 서서히 망한다는 어느 유명인의 말을 인용해 아이를 구박했었다. 갖고 싶은 것 입고 싶은 것에 대한 투정은 분수에 맞지 않는 공부를 하는 것에 결부시켜 묵살해 버렸다. 새 학기가 시작될 때마다 학부모회의에 참석하지 못하는 엄마를 의젓하게 이해하는 것으로 딸의 마음이 나와 같다고 믿었지 않은가.

콩쿠르 때 친구들이 부모의 격려를 받으며 무대에 설 때, 내 아이는 언제나 혼자였다. 그 모든 일을 아이에게 짐 지우고 지켜볼 수밖에 없었던 지난날의 아픔은, 미래에 대한 희망으로 상쇄될 수 있을 것이라 확신했다. 표현하지 못했어도 아이가 받았을 상처의 깊이를 알고 있기에 진심으로 엄마를 이해해주길 바랐는데, 엉뚱하게도 마음과는 다른 말이 튀어나와 아이에게 상처를 주고 말았다.

오늘 일로 아이의 가슴속에 쌓여있는 원망의 마음이 바뀌는 시간은 더 길어질 것이다. 또한 집안사정만을 핑계 삼아 진로를 축복할 수 없었던 부모 입장을 이해하기까지는 세월이 더 흘러야 될 것이다.

아이를 기다린다. 밖은 어두워지고 마음은 초조한데 문자 메시지가 도착했다. '친구 집에 있어.'

휴, 다행이다. 아이는 지금의 내 마음을 알고 있었다.

'응, 미안해. 엄마 딸.'

시간을 되돌릴 수 있다면 부모 노릇을 더 잘 해낼 수 있을까.

2003. 6.

궁합

동업을 제안한 지인으로부터 뜻밖의 주문을 받았다. 사업을 같이 하려면 궁합을 봐야 한단다. 황당했지만 그분의 생각이 그러하니 나의 생년월시를 적어주고 돌아왔다. 장난처럼 받아들인 일인데 기다리는 시간이 길어지자 주선해준 친구를 찾아 나서게 되었다. 며칠이 궁금했는데 웃어넘길 수 없는 결과에 씁쓸한 기분을 감출 수 없다. 그분과 나는 궁합이 맞지 않아 사업을 같이 할 수 없다는 것이다.

내가 사업파트너에게 거절당한 일은 화제가 되었다. '요즘 세상에 누가 그런 걸 믿느냐.' 며 아이들은 의견이 분분하다. 아마도 엄마를 내친 그 동업자의 생각이 이해할 수 없음을 말하고 싶은 것이다. 듣고 있던 남편이 차라리 잘된 일이라며 다시 거론하지 말란다.

웃자고 한 이야기인데 남편의 발끈한 발언이 아침 식탁을 설렁한 분위기로 만들었다. 매번 이런 식이다. 상대방 이야기는 들어보지 않은 채 자기 기분에 맞지 않으면 불쑥 하는 말이 상처가 되고 있었다.

퇴근한 남편의 얼굴이 일그러져 있다. 성질 급한 남편이 순간을 참지 못하고 다툼을 했나 보다. 아직 사그라지지 않은 화를 삭이지 못해 얼굴이 벌겋다. 나는 서두르지 않고 다음 날을 기다린다. 보나마나 상대방과 화해를 주선하기 위해 내일은 우리 집에 손님이 북적거릴 것이다. 일이 해결된 후 겸연쩍게 웃으며 나를 쳐다볼 남편의 얼굴을 상상하는 건 어렵지 않다.

성격 차이라 했다. 서로 다른 환경에서 살아 온 남남이니 당연한 일이다. 평소에 말이 없는 남편이지만 화가 날 때면 거침없는 사람으로 변해 버리는 게 문제다. 화를 다스리지 못하는 남편의 성격은 부모님과도 매번 부딪쳐서 내 입장을 난감하게 했다.

어머님은 지인들과 이야기를 즐기셨다. 친구들과 나누는 대화 속에 당신의 며느리 얘기도 피할 수 없었는지 사람들의 입으로 전달된 말로 내가 겪는 불쾌함은 견디기 힘들었다.

신혼 초 힘든 마음을 남편에게 털어놓았던 적이 있다. 남편의 즉흥적인 성격은 당장 따져봐야 한다며 부모님께 다그치는 불효를 저질렀다. 그 일로 나는 생각이 짧고 입이 가벼운 며느리가 되어버렸다. 설명하고 싶었지만 전해준 사람의 인격이 있으니 자초지종을 말할 수 없었다. 억울함을 삭히지 못한 채 내 마음의 상처는 남편의 성격을 파악하는 걸로 마무리되었다.

싸움은 싫었다. 어느 누구하고도 언짢은 이야기는 피하려 했다. 상대방의 감정을 존중하려는 생각이 나의 마음을 다 표현하지 못하고 살았다. 그렇게 인내했던 지난 시간들은 내 도도한 성격 탓이라는 엉뚱한 오해와 지적을 받고 있었다.

아이들이 있었다. 엄마가 되었으니 그들을 위해 모든 걸 참고 견뎌야 하는 자리에 내가 있었다. 어느새 훌쩍 커버린 딸을 결혼시키라는 이웃의 방문에 부부는 심각한 분위기가 되었다. 우리가 벌써 그런 나이가 되었다는 것에 정신이 번쩍 들었다. 중매쟁이가 다녀간 후 남편이 궁합을 보겠다며 딸애의 생년월시를 적어달란다. 또 급하다. 당사자에게 한마디 상의도 없이 궁합을 보겠단다.

"언제 그런 거 보고 살았어요?"

나도 모르게 말소리에 가시가 들었다. 이번만은 양보할 수 없다. 그 숱하게 다닌 이사도 편한 날짜에 다녔지 않은가, 아침에 출근했던 당신은 저녁에 이사한 집으로 퇴근하지 않았느냐 빠르게 쏘아붙였다.

"자식은 다르지."

남편의 대답이다.

궁합이란, 혼인할 남녀의 생년월시를 오행에 맞춰 보아 부부로서의 길흉을 예측하는 점이라 한다. 나는 성격도 취미도 정반대인 우리 부부가 의견 차이를 보일 때마다 그 말을 떠올렸다.

남편은 마음속에 담아 놓는 것이 없는 사람이다. 급한 성격으로 큰소리가 날 때마다 참아야 하는 것은 내 몫이었다. 내 집 이야기가 담 밖으로 나가는 것이 싫어서, 남에게 보여질 내 모습이 신경 쓰여서 이사를 자주 다녔다. 입 밖에 내지 않았지만 항상 마음속에 잠재해 있던 '이혼'이란 단어가 묵시적인 것으로 세월은 흐르고 있었다.

딸애와 선을 보기로 한 청년은 궁합이 나쁘다 했다. 꼭 그것 때문은 아니라도 아이의 선 문제는 더 이상 거론하지 않고 있다. 다만 자식은 궁합을 보고 결혼시켜야 한다는 남편의 한마디가, 나만 힘들게 살았다는 생각이 착각이었음을 깨우쳐준 것이어서 마음이 편치 않다.

결혼이란 한 명은 아래를 보고 또 다른 한 명은 위를 보며 서로 맞추어 가며 사는 것이라 한다. 살면서 '어른들의 반대가 이런 것이었구나.' 하는 생각이 들 때마다 궁합이 나쁘다는 것을 떠올렸다. 한편으로 결혼을 했으니 끝까지 살아내야 한다는 자신과의 약속을 되새기곤 했었다. 지켜보는 사람들이 있으니 꼭 보여주고 말겠다는 다짐이, 궁합이 나쁘다는 우리 부부의 운명을 거스르는 일이 될 것이라는 오기가 나의 삶을 지탱하고 있었다.

궁합이 좋았으면 정말 충돌하지 않고 살 수 있었을까.

2003. 10.

유전遺傳

남편은 다이어트 중이다. 지난해 건강검진 결과 몸이 비대하여 혈압이 높고 당뇨가 의심된다는 진단을 받았기 때문이다. 운동과 식이요법을 병행하는 꾸준한 건강관리가 필요하다는 의사의 처방대로, 새벽 여섯 시 남편은 어김없이 헬스장으로 향한다. 눈이 오나 비가 억수같이 쏟아지는 날에도 그의 운동시간은 정확하다.

식사시간이다. 식탁에 차려진 음식이 그대로 있다. 고기는 살이 쪄서 안 되고 찌개는 매워서 안 된다. 젓가락이 갈 곳이 없어 허공을 맴도니 상을 차린 나로서는 안타까운 일이다. 좋아하던 간식은 딱 끊었고 술도 안 마신다. 오로지 생선과 푸성귀로만 허기를 채운다.

아랫배가 홀쭉해진 남편을 두고 사람들은 이구동성으로 치하를 한다. 듣고 있던 내가 그이를 향해 눈을 흘긴다. 사람들이 의아스러운 시선으로 바라본다. 부부가 함께 바랐던 일일 텐데 나의 반응이

의외이니 그럴 것이다. 남편이 자기 자신을 단속하는 것이 너무 지독해서 내가 느끼는 소감은 남들과 조금 다르다.

남편이 운동을 시작해서 가벼운 몸이 되었다면 나는 저절로 몸이 가벼워졌다. 바지가 헐렁하다. 거울에 비춰진 얼굴이 좀 야윈 것 같기도 하다. 해마다 계절이 바뀔 때면 일어나는 현상이다. 애써 빼지 않아도 이맘때면 살이 내리니 따로 다이어트를 해본 적이 없다. 그러나 집을 나설 때의 가뿐함은 잠시, 금시 피로해진 몸이 견디기 힘들지만 남에게 들키지 않으려 애쓰며 산다.

"유전— 어버이의 성질·몸의 모양 등이 자손에게 전하여지는 일." 국어사전의 해석이다.

어머니는 건강하셨다. 단지 아이를 키우며 살림하느라 힘들다는 핑계로, 한 달이 멀다 하고 몸살을 앓는 딸의 건강이 문제였다. 걸핏하면 앓아눕는 딸네 살림을 도우러 황급히 대문을 들어설 때면 '젊은 것이 그리 강단이 없어서야.' 하시며 혀를 차곤 하였다.

항상 건강하실 줄 알았던 어머니. 편찮으시다는 전화를 받고 친정에 가는 길은 여유로웠다. 뭐 그리 대단한 일일까 반신반의한 채 들어서는 나를 어머니는 빤히 바라보셨다. 그 눈빛 속에 내포되어 있던 원망과 서운함은 지금껏 보지 못한 낯선 모습이었다. 아들내외가 휴가를 떠났기에 딸자식한테 전화를 한 것인데 느지감치 나타난 딸의 얼굴에서는 걱정의 빛을 찾을 수 없으니 야속하였을 것이다.

의사는 어머니의 몸 상태를 설명하면서 "이렇게 되기까지 십오 년의 세월은 족히 걸렸을 겁니다." 라며 자식들의 무심함을 나무랐다. 영문을 모르고 당하는 질책에 우리는 어머니와 의사의 얼굴을 번갈아 바라보았다. 평생을 깔끔한 모습으로 흐트러지지 않았던 어머니. 그동안 고통을 참고 살아오신 세월이 얼마인데 후회해도 소용없는 일이었다. 이미 어머니의 몸 상태는 어찌 손을 써 볼 수 없는 지경에 이르러 있었다.

오늘은 내가 이차검진을 받는 날이다. 부모님의 병력을 묻는 의사의 얼굴이 예사롭지 않다. 심각한 표정으로 고개를 끄떡이는 몸놀림까지 무언가 암시를 주는 듯해서 검사실로 향하는 발걸음이 무겁다. 결과는 일주일 후에 나온다.

내 몸속에 어머니와 같은 병이 발병되었을지 모른다는 생각은 건강검진을 받은 다음 날부터이다. 병원에 들어가서부터 무수히 들려주었던 '유전'이란 단어를 떨쳐버릴 수 없었기 때문이다.

어머니를 닮았을지 모른다는 불안함이 식욕을 떨어뜨리고 잠을 설치게 했다. 가족들에게 내색하지 못한 채 혼자서 마음고생을 했다. 이것 또한 어머니를 닮았음인가. 아마도 검진결과가 나오기까지 이렇게 마음고생을 한다면 없던 병도 생기고 말 것이다.

어머니는 병석에 누워서도 자식들의 건강을 염려하셨다. 맏이인 우리 부부를 제일 먼저 지목하여 '건강진단을 받아라. 우리 사위는 살을 빼는 게 좋겠다.' 하시며 매일 똑같은 걱정을 하셨다. 그때는 아무도 귀 기울이지 않았던 말인데 어머니가 떠나신 후 우리들은 건강 체크에 나섰다.

어머니의 병은 십오 년 세월 동안 이어진 것이라 했다. 그렇다면 십오 년의 기한은 보장되는 것이지 않은가. 그렇게 위로해 보지만 누군가를 향한 원망으로 화가 나는 것은 어떤 의미일까. 모든 일에 긍정적인 어머니의 심성은 유전되지 않는 모양이다.

2005. 10.

해후 邂逅

이모의 병세가 위중하여 큰 병원으로 옮겼다는 오빠의 목소리는 잠겨 있었다. 마치 어머니의 병이 자기 탓이나 되는 것처럼 더듬거리던 오빠는 모든 걸 체념한 듯 보였다. 나는 대뜸 화를 냈다.

"오빠 나한테 어찌 이럴 수 있어요."

수화기를 놓고 달려가는 내내 오빠의 얼굴이 눈앞에 어른거려 마음이 급하다. 환자보다는 지켜보는 사람이 더 힘들 것이라는 것을 잘 알면서도 화가 났다. 그렇잖아도 낯선 곳에서 혼자 애태웠을 것을 생각하면 안쓰러운데, 무심한 나 자신을 나무란다는 것이 마음과는 달리 엉뚱한 투정을 부리고 말았다. 환자는 중환자실에 있었다.

오빠는 이모의 아들이다. 삼십 년 세월이 흘렀어도 항상 내마음속에 건장한 청년으로 각인되어 있는 이종사촌오빠이다. 아무러면 아들인 그가 더했지 한 다리 건너인 내가 더 가슴 아플까마는, 시골

병원에서 치료할 수 없어 이곳까지 왔다는 이모의 위중함에 충격을 그렇게 표현한 것이다.

머쓱해진 남매는 서로의 시선을 피해 창밖을 보고 있다. 그의 옆 모습은 지나간 세월만큼이나 변해 있었다. 그런 것도 모르고 어릴 적 하던 대로 마음에도 없는 말을 쏟아 부었다.

세월은 많이도 흘렀다. 내가 스무 살 처녀였을 때 오빠는 군인아저씨였다. 그날 외출에서 돌아오던 나는 오빠를 알아보지 못했다. 우리 집 마루에 앉아있는 낯선 복장의 군인들을 보고 돌아나가려고 할 때, 그들이 나의 이름을 불렀고 그 중 한명이 오빠였다. 휴가를 나왔다는 구릿빛 얼굴의 건장한 청년. 나는 작고 만만하기만 했던 오빠가 갑자기 큰 사람이 되어 나타난 것이 믿어지지 않았다.

어색한 분위기는 옆에 있는 군인 아저씨 때문이기도 했다. 오빠랑은 둘도 없는 친구 사이라며 악수를 청하던 그는 지금으로 치면 소개팅을 온 셈이었다. 미남형에 말주변이 좋아 금시 대화가 통하는 사람이었다. 몇 번 자리를 함께했고, 휴가 끝나고 부대에 복귀하는 날 위문편지를 쓰기로 약속도 했다. 그 후 약속이 지켜지는 게 여의치 않아선지 그날 이후 오빠와 서먹한 사이가 된 것은 오래전 일이다.

어머니 대신이라는 이모. 어머니형제 중 첫째였던 이모는, 매사에 완벽해서 조금은 냉정했던 내 어머니와는 달리 온화한 분이셨다. 나는 그런 이모가 좋아 방학만 되면 시골집에 갔는데, 비좁은 방에 오빠네 식구들 틈에서 며칠을 지내다 왔다. 지금 생각해 보면 시부모님과 함께 사는 이모의 입장은 생각지 않고, 오빠랑 만나는 재미에 빠져 한번 가면 돌아올 생각을 안 했으니 어지간히 눈치도 없었다.

쌀이 모자라던 시절 하필 일손이 바쁜 날 들이닥친 꼬마 손님이지만 읍내에 사는 동생 딸이라며 품앗이 온 동네 분들에게 자랑을 잊지 않으셨던 이모. 큰 함지박에 온갖 푸성귀와 고추장 보리밥을 넣어 주걱으로 쓱쓱 비벼서 나에게도 한 양푼 덜어주셨다. 그때마다 밥이 험해서 미안하다는 말을 잊지 않으셨다. 없는 살림에 따로 마련된 음식이 없으니 남는 재료를 넣어 만든 비빔밥이었다. 그 음식은 대처에 사는 나에게 신기한 경험이었는데, 나는 그 비빔밥을 들고 굳이 오빠를 찾아 나섰다.

오빠는 식사 때마다 자기 밥을 내게 덜어주었다. 그것도 문제였다. 사돈할머니께서 금쪽같은 장손에게 건네준 쌀밥이었는데 내가 험한 밥을 먹는 게 안쓰러웠던 오빠는 자기 밥을 내게 먹이고 싶었던 게다. 그 또한 훗날 생각해보니 염치없는 일이다. 나는 그런 오빠를 졸졸 따라다니며 귀찮게 했는데, 한밤중 남자들끼리만 모이는 사랑방까지 좇아가 오빠를 난처하게 했었다.

오빠가 군대에 간 후 이모 집에 가는 일은 시들해졌다. 아마도 그동안 이모가 해주는 비빔밥이 좋아서만 그곳에 간 건 아니었나 보다. 오빠의 생각대로 군인 아저씨께 편지를 쓰게 되었고 몇 번의 편지가 오고 가고 했었다. 그러다 편지쓰기는 흐지부지되었고, 오빠의 의도를 모르는 바 아니었기에 그 일은 오빠에게 죄송한 일이 되어 버렸다. 그렇게 우리는 나이를 먹었고 남매의 관계는 소원疏遠해졌다.

결혼 후 처음 부부싸움을 했던 날, 하필 그날 오빠가 우리 집을 방문했던 건 진짜 우연이었다. 방금 전 남편이 밀어낸 유리잔이 산산조각이 났고, 그것을 급히 치우던 내 손에서 피가 흐르자 남편은 황급히 붕대와 약을 사러 나갔다. 그것을 들고 들어서는데 오빠가 우리 집에 온 것이다. 당황한 우리 부부가 오빠를 맞으며 상황을 설명했지만 오빠는 방에 들어서지도 않고 돌아가 버렸다. 그리곤 처음이다. 그날 이후 오빠가 우리 집에 오는 일은 없었으니까.

남편은 친정 일에 발 벗고 나서는 사람이다. 어쩌면 그 일 이후 처갓집행사에 참석할 때면 의식적으로 나에게 과장된 애정 표현을 하는 것도 그 때문일 것이다. 그럴수록 오빠는 남편을 피하고 마주하지 않았다.

하고 싶은 말이 많을 줄 알았는데 무슨 말을 해야 할지 정리가 되지 않는다. 무언의 대화 속에 남매는 그동안 마음속에 담아 놓았던 말을 참고 있는 것일 게다.

어색한 분위기를 떨쳐내려고 내가 먼저 '이모 보러 가자.'고 해본다. 앞장서는 나를 향해 오빠는 조심스럽게 소리친다.

"니들 지금은 안 싸우지?"

"응."

고개를 끄떡이는 나를 물끄러미 바라보는 오빠의 얼굴에 희미한 미소가 번진다. 그렇게 남매는 이모를 보내는 날 다시 만났다.

아기 표정

아기 사진이다. 태어난 지 백 일쯤 되었을 아기 사진이 사진관 전면을 차지하여 웃고 있다. 해맑은 웃음이다. 무슨 걱정이 있을까. 세상물정 모르는 순진무구한 얼굴이 얼마나 예쁜지, 남의 아기지만 저절로 미소가 지어진다. 나도 사진을 찍으러 왔다. 한 달 후에 떠날 여행에 필요한 여권사진이다.

"이게 나여요!"

"다시 찍어 봅시다. 표정이 좀 그렇죠."

내 맘을 다 안다는 듯 사진사가 대답했다. 할 말이 없다. 컴퓨터 화면에 비친 사진 속 여자의 얼굴이 너무 낯설었기 때문이다. 슬프게 수심이 가득한 얼굴이 어디서 본 듯은 하다. 어째 사람이 저렇게 생겼을까.

표정연습을 해 보자는 사진사의 권유로 거울 앞에 섰다. 아기의 얼굴을 흘끔 쳐다본다. 저 표정을 닮아야 할 텐데. 흉내라도 내야 한다. 마음속으로 다짐하고 애써 보지만 역시 안 된다. 처음부터 너무 무리한 욕심을 부린 것이다. 어떻게 아기 표정을 흉내 낼 수 있단 말인가. 차라리 있는 그대로의 표정으로 하는 게 나을 것 같다.

이대로 찍어 주세요. 자신 있게 말하고 다시 카메라 앞에 앉았다. 사진사의 노력에도 결과는 별반 다르지 않다. 얼굴색은 어둡고 눈은 총기를 잃었다. 웃으면 안 된다는 규약 때문에 꼭 다문 입술은 고집스럽게 닫혀 있다.

더 이상 어쩔 수 없다. 아무리 기술이 좋아졌다 해도 세월을 되돌릴 수는 없지 않은가. 다 체념하고 그중에 하나를 골라 인쇄토록 했다.

사진을 여섯 장이나 받았다. 오늘 필요한 사진은 한 장뿐인데 무엇에 쓰라고 마음에도 들지 않는 사진을 이렇게 많이 빼 주는지 모르겠다. 그것을 들고 구청에 간다.

달리는 차 안에서 생각해 본다. 언제부터 내 얼굴이 이렇게 되었을까. 단지 나이를 먹어서 달라진 거라고 위안을 삼기에는 무언가 석연치 않은 부분이 있다.

예쁜 얼굴은 아니라도 무서운 사람이기까지……. 그런데 애들도 나를 무섭다 하고 사람들도 나를 보고 차가운 인상이라 접근하기 어렵다 한다. 인정하기 싫지만 사진 속 얼굴이 그렇게 보이는 건 맞다.

한가한 오후, 홀로 거울 앞에 서 있다. 표정 연습을 해 본다. 도저히 아기 표정을 그려 낼 수 없다. 입 꼬리를 올리고 살짝 웃어 보았다. 그나마 웃으니 조금 나은 것 같다. 소리 내어 웃어보면 어떨까. 보는 사람이 없는데도 그것은 안 된다. 혼자서 하는 양이 우스워 제 풀에 살짝 웃음을 지어본다. 하여튼 웃는 얼굴이 그중 나은 것 같다.

췟! 그걸 누가 모르나, 예전부터 웃는 얼굴이 예쁘다는 건 알지만 살다보니 그렇게 되었다. 단지 웃을 일이 없었다는 것이 문제일 뿐 다시 제자리로 돌아온 상념이다. 편안한 삶이 아니어서 그랬을까.

사진은 거짓말을 안 한다. 어쩌면 사진은 내 마음속을 꿰뚫어 보는 거울인지도 모른다. 불만과 억울함으로 가득한 사진 속의 나는 평소 모습이 틀림없다. 무엇이 그렇게 불만스러웠을까. 누구를 향한 원망인가. 지난날이 고스란히 담긴 사진을 들여다보다 며칠 후 있을 집안 행사를 떠올린다.

의무와 책임만을 강요하는 이 자리가 그렇게 힘들었을까. 언젠가 모두 앞에서 터트리고 말겠다는 마음속 다짐이 항시 마음 한편을 차지하고 있었다. 이제나 저제나 하고 싶은 이야기를 곱씹어보는 버릇이 생긴 건 그 때문이다. 마음뿐이지 행동으로 옮길 수 없었던 많은 일들이 튀어나오지 못하고 머릿속을 가득 채우고 있었다. 그렇게 산 세월이 응어리가 되어 쌓이는 줄도 모르고 시간을 낭비하였다.

그 세월이 고스란히 담긴 사진을 들여다보는데 문득 떠오르는 것이 있다. 살면서 누구를 닮고 싶다는 생각은 해보지 않았다. 닮고 싶다고 해서 닮아지는 게 아니지 않은가. 얼토당토않은 일에 욕심을 내거나 부러워하는 일은 사람을 더 초라하게 만들기 때문이다. 그런데 갑자기 그 일이 하고 싶어졌다.

지금부터 할 일은 표정 연습이다. 거창하게 계획을 세울 필요는 없다. 십 년 후 여권 갱신에 필요한 사진을 찍기 위한 준비 작업이다. 내 꼭 아기 표정을 닮아 볼 것이다. 그런데 노력한다고 되기나 할까. 십 년도 아니고 이십 년도 아니고 까마득한 세월의 차이를 극복할 수 있을까. 내가 생각해도 좀 말이 안 되는 일이긴 하다.

뭐 어떠랴. 꿈도 못 꾸나. 꿈이야 클수록 좋은 거 아닌가. 마음은 벌써 아이 쪽으로 가까워진 것 같다.

기다림

– 최신 전화기가 공짜.

아침신문에 끼어들어온 전단지의 핸드폰 광고다. 신문을 선별하던 손을 멈춘다. 성능이 다 된 전화기를 갖고 있는 나로서는 눈에 번쩍 들어오는 문구이다. 배터리 수명이 다 되어 아침저녁으로 충전을 해야 하는 번거로움은 차치하고라도 디자인이 구식이고 기능도 떨어진다며 아이들도 성화다. 가끔은 문자를 삼키기도 하고 전화벨이 울리지 않아 일부러 전화를 받지 않았다는 오해를 받는 일도 있지 않은가. 조금만 이야기가 길어지면 예고 없이 통화가 끊기는 바람에 주인의 입장을 곤란에 빠뜨리는 애물단지이다.

"참 정갈히 쓰셨네요."

전화기를 유심히 들여다보던 대리점 직원의 칭찬이다. 요금을 어느 수준 이상 써 주거나 번호 이동을 하면 새 전화기를 공짜로 교환

해 준단다. 그러나 요금을 많이 써야 하는 조건은 충족할 수 없고 번호를 바꾼다는 것은 더욱 안 될 일이다.

애써 설명을 했는데도 안 되겠다는 나를 의아하게 쳐다보는 직원의 표정이 떨떠름하다. 번호 이동에 큰 의미를 부여할 만한 사업가도 아니면서 깐깐하게 구는 내 사고가 이해할 수 없다는 듯, 대리점 문을 나서는 나를 그는 더 이상 붙잡지 않았다. 내리쬐는 햇볕만큼이나 뒤통수가 따갑다.

남들은 모른다. 내가 그들에게 털어놓을 수 없는 마음속 응어리가 있다는 것을. 이제는 옛날이야기가 되어버린 그날의 약속을 아이도 잊지 않았을 것이고, 나는 그 믿음으로 몇 년째 소식을 기다리고 있다. 엄마를 잃은 가엾은 아이에게 엄마 대신 나를 찾으라고 일러준 번호가 아닌가. 아무리 조건이 파격적이고 다들 공짜로 전화기를 교환한다지만 내가 그럴 수 없는 이유이다.

신미정, 또래에 비해 키가 크고 삐쩍 마른 체구로 완벽한 성격을 지닌 아이였다. 우리 애랑 두 살 터울이니 지금쯤 대학 이학년이 되었을까. 꽤 많은 시간이 흘렀지만 아직도 그 애는 당돌하고 까칠한 아이로 기억되는 친구의 딸이다.

"내가 너보다 두 살 위인데 누나라고 불러야 맞지 않겠니?"

이름을 부르는 우리 애에게 따끔하게 일침을 가하던 깜찍한 소녀였다. 우리 애가 진득하지 못하고 까불거리곤 했는데 그럴 때마다 의젓하게 충고하던 아이. 누나로 불리고 싶었고 버릇없이 나대는 엄마 친구의 아들을 차마 쥐어박지 못하던 그 애는, 어른도 따르지 못할 만큼 어른스러운 데가 있었다.

이제 천방지축이던 그때의 사내아이는 청년이 되었고, 그의 기억 속에 여자들이란 대접만 받으려 한다는 선입견을 심어주었던 소녀는, 예쁜 숙녀가 되었을 것이다. 우리 모자는 종종 친구의 가족과 보냈던 휴가를 떠올려 논쟁을 벌이곤 하는데, 내가 그 애의 총명함을 기억하는 것에 비해, 우리 애는 다른 생각이다. 어쩌면 난생 처음 느꼈던 이성에 대한 신비감이 그 아이와의 추억으로 반감되었을지 모를 우리 아이는, 아직 여자 친구가 없는 눈치다.

하긴 우리 아이가 본 것이 맞을지 모른다. 그날 엄청난 사건을 접하고도 아이답지 않게 침착하던 모습은 경황없이 달려간 어른들을 놀라게 하지 않았던가. 마치 자기의 운명을 알고 있었다는 듯 담담하게 상황을 받아들이는 것이 섬뜩했다. 애써 참아내는 것인지 눈물조차 보이지 않아서 지켜보는 어른들의 가슴을 아프게 했던 아이. 굳이 친구라는 이해관계를 고집하지 않더라도 늘 떠나지 않는 아이의 안부가 궁금했던 것은, 또래의 아이를 키우고 있는 어미로서의 애잔함 같은 것이다.

나는 왜 부모의 이혼이 아이를 불행하게 한다는 생각만을 고집했을까. 이혼 말고도 더한 불행을 가져다 줄 죽음이라는 복병이 숨겨져 있다는 것을 그때는 몰랐다.

친구부부의 계속된 불화는 한 사람은 저세상으로, 남겨진 사람은 법의 심판을 받아야 하는 처지가 되는 결과를 낳았다. 홀로 남겨진 아이가 그 상황을 자연스럽게 받아들이는 것이 당황스러웠던 그때. 아이의 거처를 어디로 옮겨가는지조차 지켜볼 수밖에 없었던 무력함이 가슴 아팠던 기억은 지워지지 않고 있다. 내가 할 수 있는 일은 전화번호를 알려주는 것뿐이었다. 친권親眷이라는 것이 아이를 거둬야 할 의무만이 아니라, 아이 몫으로 남겨진 재산까지 권리가 주어진다는 것이 내가 나서서는 안 되는 이유였다.

지금쯤 친구와 내가 처음 만났을 때의 모습으로 자라 있을 아이를 상상해 본다. 언제라도 나를 찾을 수 있도록 이 자리에 붙박여 기다리는 것이 최선이었을까. 그동안 몇 차례의 연락을 취해 보았지만 아이를 보여주지 않았던 친구네 가족들, 그것이 남겨진 아이를 위한 조처라니 따를 수밖에 없었다. 그러려니 했지만 섭섭한 마음을 내려놓을 수 없었던 세월. 그렇게 기다림의 시간은 흐르고, 아이는 한 번도 나를 찾지 않았다. 문득 친구의 빈자리가 느껴질 때면 창밖을 서성이는 시간이 길어지는 요즈음, 나는 아직 전화번호를 바꿀 생각이 없다.

끈

가정의 달이다. 어버이날이 있고 스승의 날이 있는 오월. 어느 선생님의 체벌이 사랑의 매의 정도를 넘었다는 비난이 매스컴을 타고 있다. 어디까지가 체벌이고 사랑의 매가 아닌지, 아이의 몸과 마음을 다치게 했다는 여론에 온 나라 안이 시끄럽다. 어떠한 경우에도 선생님은 존경받아야 마땅하지만 하필 스승의 날에 불거진 체벌에 대한 논란이 유감이다. 나에게도 오랜 기간 지워지지 않는 선생님에 대한 기억이 있다.

모두가 어려웠던 시절 학교에서 배달된 한 통의 편지를 놓고 온 가족이 둘러앉았다. 동봉된 편지엔 '서류에 절대 도장을 찍지 말라.'는 담임선생님의 간곡한 말씀이 들어 있었다.

"쓸데없이 딸에게 신식 공부를 시키려 하느냐."

할머니의 서릿발 같은 역정이다. 누구도 할머니 말씀을 반박할 수 없다. 부모님의 한숨 소리만이 정적을 깰 뿐 시간은 흐르고 마땅한 해결책은 없었다. 내가 결정을 해야 했다. 선생님께 송구한 일이지만 당장의 고통에서 벗어나려면 다른 방법이 없었다. 어린 마음에 그것이 자존심이었는지 급히 서류에 도장을 찍고 말았다.

학업은 그렇게 끝이 났다. 배움에 대한 열망을 가슴속에 숨긴 채 그리할 수밖에 없었다. 그 일은 평생 잊어서도 잊어버릴 수도 없었지만 운명이려니 자위하며 살았다.

내가 학교를 그만둔 일은 이웃에 관심거리가 되었다. 작은 도시에 금시 소문이 났던지 사람들은 나를 측은하게 바라보았다. 그것이 싫어 빨리 어른이 되고 싶었고, 아무도 모르는 곳으로 피하고 싶었다.

진달래꽃이다. 이슬을 머금은 꽃잎의 진홍색이 어찌나 선명한지 금방이라도 손에 묻어날 듯 싱그럽다. 아름드리나무가 그늘을 만들고 있는 정원, 연못에 색색의 물고기가 노는 모습이 평화롭다. 삼삼오오 무리를 지어 이야기를 나누는 동무들의 모습이 낯설지 않은 봄날, 그곳으로 걸음을 재촉한다. 친구의 이름을 부르며 다가서는 순간 갑자기 어두운 그림자가 드리워지면서 앞이 보이지 않는다. 두리번거리고 있는 그곳이 높은 울타리 안에 갇혀 있는 학교의 정원이라는 것을 깨달았을 때, 친근하던 주위풍경은 낯선 곳으로 바뀌었다.

꿈이었다. 다른 사람이 되어있는 나를 상상해 보는 것은 학업을 중단한 이후 생긴 버릇이다. 평소 마음속에 간직된 생각이 꿈으로 나타나는 것인지 계속되는 꿈은 묘한 허탈감을 주었다. 그 꿈의 끝은 항상 교복을 입은 채 학교 운동장에 홀로 서 있는 것이었다. 거역할 수 없는 운명이었다고 잊어버리려 했지만 불현듯 떠올라서 나를 괴롭히는 일이기도 했다.

결혼 후 아이가 학교에 입학하면서 가져오는 환경조사서는 언제나 부모의 학력을 묻고 있었다. 잡다한 설문 뒤에 나오는 학력란에 동그라미를 그려 넣어야 하는 것이 문제였다. 매번 그 순서가 오면 나의 손에 들려진 펜은 양심과의 한판 승부를 벌여야 했다. 졸업장이 없어 주눅 들었던 세월, 그로 인한 갈등은 평생 나의 발목을 잡고 놓아주지 않았다. 그것을 계기로 잠재되어 있던 학업에 대한 소망이 살아났을까. 다시 시작한 공부는 삶의 활력소가 되었다. 꿈속에서조차 헤매던 교정을 떳떳하게 밟을 것이란 기대는 나이를 잊고 공부에 매진할 수 있었다.

매달 한번 친목을 다지기 위한 모임의 자리, 오늘의 화제는 안면주름살 제거수술이다. 어느새 우리가 그런 나이가 되었던가. 시술을 받은 몇몇 친구가 십 년이나 젊어 보인다며 다들 부러워한다. 나는 그들의 대화에 관심이 없다. 다만 책상 위에 펼쳐놓고 온 참고서가 떠올라 마음이 급하다. 오늘 해야 할 숙제가 남아있기 때문이다.

온 나라 안이 조용하다. 시험장 근처에서는 경적을 울려서도 안 되고 직장인의 출근 시간도 늦춰졌다. 이 땅의 많은 젊은이들이 지금껏 공부한 것을 평가 받는 날, 오늘은 수능시험이 있는 날이다.

시험점수를 받아들고 경쟁률이 만만치 않다는 대학에 지원을 했다. 젊은이들과 나란히 면접시험관 앞에 서는 당당함도 맛보았다. 나의 처지나 환경은 아랑곳 않고 마음속에 담아 두었던 꿈을 이루고자 내 딛는 발걸음은 가벼웠다.

나이 어린 선배들의 축하를 받으며 교정에 입성한다. 이것이 내게 찾아온 마지막 행운이라면 감사하고 행복하면 될 것이다. 그렇게 세대를 뛰어넘는 그들과의 어울림은, 나를 선생님 앞에 설 수 있는 용기를 주었다. 그때 선생님 말씀에 따랐더라면 지금보다 나은 삶을 살았을까. 아쉬움에 돌아보는 삶보다는 또 다른 꿈을 향해 도전해 보는 삶은 어떨까. 이만하면 가슴속에 묻어 두었던 한풀이는 되었고, 상처받은 지난 세월은 치유하고도 남는 호사를 부려 보았다.

여기까지다. 생색내지 않고 정중히 사양하는 것으로 교정을 나서야 한다. 운명이라 했지만 그들의 제의를 덥석 받아들이기엔 내세울 만한 명분이 없지 않은가. 누구의 강요도 없이 내 의지로 양보하는 것이니 억울한 일은 더욱 아니다. 어떻게 하는 것이 최선이었는지 지금은 자신을 돌아보아야 하는 때가 아닌가.

2002. 12.

어떤 인연

이상구. 그의 전화는 받고 싶지 않은 부류에 관리되어 있다. 그가 집전화로 휴대전화로 며칠째 나를 찾고 있다는 말에 의문이 생겼다. 이사를 간 사람이 무슨 볼일이 남아 나를 찾는 것인지 반가울 것도 궁금할 것도 없는 일이지 않은가. 그동안 주인과 나그네로 우리 집을 거쳐 간 여러 인연들. 그때마다 그들에게 품었던 나 혼자만의 해바라기가 얼마나 부질없는 놀음이었는지, 체험으로 알고 있기 때문이다.

이상구 씨가 이사 오던 날은 시골에 계신다는 어머님이 동행했었다. 신혼부부도 아니고 아이 둘을 둔 아들네 이사에 경상도 어느 촌락에서 오셨다는 어머니. 억양이 다른 말씨부터 우리는 그 가족이 신기했다.

짐 정리가 끝나고 예쁜 딸을 안고 주인집에 나란히 인사를 왔던 이상구 씨 내외는 얌전한 부부였다. 남편 옆에 말없이 앉아 미소를 짓던 새댁의 앳된 모습도 신선했다. 그날의 첫 만남을 지울 수 있다면 이런 푸념을 늘어놓을 필요도 없을 것이다. 며칠 후 이웃과의 마찰로 주변 사람들을 놀라게 하는 소동이 벌어지기 전까지, 내가 본 그녀는 청순한 새댁이었다. 새댁은 이사 후에 같은 집에 사는 이웃들과 융화되지 못하고 눈만 뜨면 다툼을 하였다. 그 싸움 뒤에는 어김없이 나를 찾아 하소연하는 일이 자연스런 절차가 되었고, 반복되는 싸움에 그녀를 다독여 돌려보내는 일이 여간 힘든 일이 아니었다.

임대업을 시작하면서 나 자신과 약속했던 것이 있다. 어떠한 경우라도 내가 먼저 살고 있는 사람을 이사 가라는 말은 하지 않겠다. 그런데 내 인내심을 시험해 보겠다는 것인지 새댁의 싸움질은 끝날 기미를 보이지 않았다. 자신도 감당할 수 없는 상황을 횡설수설 늘어놓는 그녀를 볼 때마다 처음의 이미지를 떠올려 달라지길 바랐지만 허사였다. 오죽하면 그들이 이사를 가겠다고 통보해 왔을 때 어디로 가는지조차 묻고 싶지 않을 만큼 나의 마음고생은 말로 다 할 수 없었다.

그들이 떠난 후 엉망이 되어버린 벽지와 장판을 교환하면서 치밀어 오르는 화를 다스리는 일 또한 내 몫이었다. 싫어도 그들과 함께 보낸 시간이 적지 않았고, 그들이 기한을 두 번이나 연장하여 사는 동안 내게 남긴 것도 많았다. 언젠가 그들이 자기 집을 장만하는 날, 지금의 내 기분을 이해할 것이라는 결론에 이르기까지 애써 나 자신을 위로하고 인내하면서 나는 그 부부를 잊어버리자 다짐했었다.

모르는 전화번호다. 낯선 사람에게 나의 주소와 이름이 알려진 것에 놀라고 있을 때, 상대방이 자신의 신분을 밝힌다. 그분은 이상구 씨 어머니였다. 이사 올 때 보았고, 두 번인가 아들집에 오셔서 우리 애들 잘 부탁한다며 내 손을 잡았던 노인이다. 그때마다 반갑게 대꾸하지 못했다. 아마도 당신의 아들부부가 나를 힘들게 한다는 말을 할 수 없는 것이 화가 났던 것 같다. 마음속에 숨겨진 미움이 금방이라도 그들의 실체를 털어놓고 싶었지만, 웬일인지 그래서는 안 될 것 같은 생각이 들었다. 그런 마음속 분란이 그분 앞에서 상냥한 사람이 될 수 없었다.

사양했는데도 고장의 특산물을 보내신단다. 그렇게 해야 마음의 짐을 조금이라도 벗을 수 있다는 말씀에 차마 거절할 수 없었다. 선물을 받아들고 감사의 전화를 드리면서 새댁의 안부를 물었다.

새댁이 정신과 치료를 받고 있다는 말에 눈앞에 번쩍 불빛이 일었다. 그거였다. 새댁은 아픈 사람이었다. 나는 그녀의 마음속 병을 알지 못하고 나무라기만 했었다. 달라진 환경에 적응하지 못하고 사람들이 자기를 미워한다는 피해의식에 이웃을 경계하고 사납게 표현되었던 것이다. 남몰래 혼자 속을 태우던 신랑은 부모님 가까운 곳으로 이사를 가는 것으로 새댁의 병은 부모님께 알려진 모양이다.

아내의 허물을 모두 감싸 안고 살았을 이상구 씨. 나만 보면 불편해하던 표정 속에 감춰진 고통을 알지 못했다.

어머니는 자식의 아픔을 받아들이기까지의 심정을 찬찬히 들려준다. 그동안 당신의 며느리 때문에 얼마나 고생이 많았느냐며 사과도 하였다. 연신 미안하다는 노인에게 어떤 위로의 말도 하지 못하고 전화는 끝이 났다.

미리 말씀드리지 못한 것이 죄송한 일이었을까. 어쩌면 원망받을 일이 두려워 모른 척 외면한 것은 아니었을까. 내 딴에 허물을 덮어주려고 했던 것인데 사실을 알려 드렸더라면 좀 더 일찍 사태를 수습할 수 있었을지도 모르겠다. 새댁의 맑고 큰 눈이 무언가 할 말을 가득 담고 있었던 것을 좀 더 관심 있게 보았더라면……. 결국 내 짧은 소견으로 여러 사람을 힘들게 했다는 자책감은 오래도록 피할 수 없을 것 같다.

화병 火病

할 일이 없다. 무언가 치밀어 오르는 것에 화가 나 있지만 그것이 무엇인지 딱히 꼬집어 말할 수 없는 것이 더 화가 난다.

"화병입니다."

의원은 내 얼굴을 들여다보고 맥을 짚어보더니 단번에 병명을 말한다. 자신 있게 틀림이 없다는 표정이다.

"하루아침에 생긴 병은 아닙니다."

그는 묻지 않은 말까지 술술 풀어 놓더니 온 김에 침을 맞고 가라며 나를 진료실로 밀어 넣었다. 반듯이 누워 천장을 본다. 침으로 명치끝에 매달린 돌덩이를 떨어뜨릴 수 있을까. 나는 그의 손에 들려진 굵고 긴 침을 보지 않으려고 눈을 감았다.

화병– 울화병의 준말이고 울화는 속이 답답하여 나타나는 심화이다. 무에 그리 화날 일이 있었을까. 사람 사는 일이 매일 같은 일상만 계속된다면 무슨 재미가 있단 말인가. 때론 진지하고, 슬프고 기쁘고 할 것이다. 그 모든 일상을 즐기며 살자 다짐했지 않은가. 다시 속이 메스껍고 기운이 없다. 그런 나의 몸 상태는 아랑곳없이 의원은 마음을 편히 가지라며 빙그레 웃는다.

같은 처방이다. 양방은 스트레스를 받지 말라 하고 한방에선 화를 다스리라 한다. 결국 욕심을 버리라는 것인데 참 끈질긴 것이 사람의 마음인가 보다. 왜 자기 마음을 자기 의지대로 움직이지 못하고 이렇게 끌려 다녀야 하는지 가슴이 답답하다.

오늘은 뭘 먹지. 먹고 싶은 게 없다. 아니 먹을 필요가 있을까. 먹고 난 후의 고역을 어찌 감당하려고 먹을 걸 챙긴단 말인가. 안 먹으니 속도 편하고 좋구먼. 식사시간을 앞두고 내 마음속에서 일어나고 있는 갈등이다. 이 모습은 예전의 내가 아니다. 내 사전에 굶는 일은 없지 않은가.

내 어머니는 한 끼 굶으면 저승 가서도 못 찾아먹는다며 끼니 거르는 일은 절대 용납이 안 됐던 분이다. 그런 어머니의 규칙 덕분에 건강할 수 있었던 우리 형제는 어머니 교육의 철저함을 높이 평가하며 살았다.

가족이 외식을 하는 날 메뉴 고르는 일은 내가 한다. 우리 중 가장 먹고 싶은 것이 많은 사람은 나이기 때문이다. 동생들은 나의 끊이지 않는 다양한 식성에 화제를 맞추고 재미있어 한다. 세상이 변해서 먹을거리가 흔한 시절이 되었는데도 유독 음식에 집착하는 언니의 별스러움이 이해가 안 된다며 깔깔거린다.

그랬다. 사람들이 다이어트를 위해 먹는 걸 줄이는 세상이 되었어도 난 그 대열에 끼지 않았다. 그렇게까지 각박하게 사는 것이 못마땅했기 때문이다. 그런데 이변이 생겼다.

"살 빠지셨네요."

보는 사람마다 인사를 한다. 쳇, 내가 언제 살이 쪘다고 다들 살이 빠졌다는 거야. 나 원래 날씬하거든 하며 웃어넘겨 보지만 씁쓸한 기분이 드는 건 마음이 편치 않아서이다. 그렇구나. 내 마음이 또 지옥이구나. 방금 전 다짐을 금시 잊어버리는 아둔함으로 병이 도진 이유를 알지 못해서 고생을 한 것이다.

한 달째 병원을 기웃거리고 있다. 한결같은 의사의 진단을 보면 분명 심각한 병은 아닌데 먹을 수가 없으니 체력이 점점 떨어지고 있다. 무엇이 문제인가. 안 먹으면 죽을 것이다. 그런데 먹는 것이 두려운 일이 되었으니 해결책을 찾아야 한다.

그 사람이다. 아니 애들이다. 왜 남의 핑계를 대느냐, 작은애의 핀잔을 들을 게 뻔하지만 그것 말고는 내세울 만한 이유가 없다. 돌아보면 냉철하고 똑 부러지는 작은애가 무서울 때가 있었다. 그 애가 사태의 원인이다.

그를 위해 쏟아 부은 정성과 노력의 대가가 되돌아오지 않는 것에 대한 투정이 길어지고 있다. 아이를 독립시키면 어떨까. 아직 그럴 시기는 아닌 것 같고 안 보고 살 수도 없으니 문제이다. 다 내려놓고 나 혼자 살았더라면 마음을 비울 수 있었을까.

아이의 진로에 남편과 나는 의견이 달랐다. 그래서 힘들었던 세월, 매번 부딪쳐 맞서야 할 때마다 아이의 장래만을 생각하는 신념으로 일관할 수 있었던 것은, 그만큼 아이에 대한 믿음이 확실했기 때문이다. 서로의 생각이 달랐기에 홀로 겪어야 하는 외로움도 먼 훗날 아이의 꿈이 이루어지는 날을 상상하는 것으로 대신할 수 있었다.

그 세월이 엄청난 보상으로 돌아올 것이라 기대했던 것일까. 도저히 이해할 수도 만족할 수도 없는 현실 앞에서 이 정도의 결실로 상쇄된 세월은 억울했다. 그로 인해 남편에게 보여질 나의 풀 죽은 모습도 창피하다. 강 건너 불구경하듯 내색하지 않았지만 오히려 그의 침묵이 상처가 된 지 오래이다. 남편은 선견지명이 있었던 것일까. 패배자인 나도 미리 알았더라면 그렇게 맹목적인 삶을 살지는 않았을 것이다.

컴퓨터 앞에 앉아 자판을 들여다본다. 그거다. 목청껏 소리 지를 수 없다면 기록을 하면 된다. 한자 두자 글자를 맞춰 놓으면 언젠가 지금의 아픔은 아무 것도 아닌 일이 되어 있을지 누가 알겠는가. 마음속 병을 다스리는 데는 이 방법이 제일일 듯하다. 이제 병원 순례는 그만이다.

그리움

부영게 밝아오는 아침을 길에서 맞는다. 칠흑 같은 어둠 속을 자동차 불빛에 의지하여 달려왔는데 넓은 들이 끝없이 펼쳐진 낯선 길을 가고 있다. 이곳이 북쪽과 가까운 곳이라는 지형적 특성을 배제하고라도, 하늘만 보이는 숲속 길은 긴장이 된다. 긴 터널을 지나 들어선 도시에 갑자기 불어난 인파가 분주하게 움직인다.

사람들이 무리 지어 있는 젊은이들을 보기 위해 까치발을 하고 있다. 나 역시 그들과 합류를 서두르지만, 차량의 행렬이 꼬리를 물고 이어진 도로 위에 발이 묶인 지 오래이다. 같은 목적으로 도착한 사람들이다. 횡단보도 앞에는 질서유지를 위한 경찰의 지휘봉이 바쁘게 움직인다. 그제야 사태의 심각성을 눈치챈 우리는 급히 차에서 내려 걸음을 빨리했다.

바리케이드 앞이다. 야트막하고 긴 철책선이 태산처럼 높고 웅장하게 느껴지는 정지선이다. 뛰어 넘을 수도 엎드려 기어들어갈 수도 없는 그 선에서 더는 진입할 수 없다. 우뚝 서서 주위를 본다. 사람들이 질서 있게 돌아서고 있다. 어떡해. 나는 아들을 끌어안고 출발 전 집에서와 똑같은 낱말을 되뇌고 있었다.

부끄러운 일이다. 혼자만 겪는 일이 아닌데 유별난 모정을 드러내어 주변을 어지럽히는 나는 그간의 다짐이 어이없이 허물어지고 있었다. 기다리지도, 그렇다고 돌아오지 말라고도 할 수 없었던 시간. 법은 민간인으로서는 한 발짝도 내딛을 수 없는 공간에서 아이와의 빠른 이별을 강요했다. 어쩔 수 없는 일이다. 애써 다스리던 마음이 더 이상 억제할 수 없는 수위에 올라 막 터져버리려 하는 순간. '엄마가 울면 아이에게 안 좋다.' 불현듯 떠오른 그 말이 어미의 정신을 번쩍 들게 했다. 나는 의연하게 버티고 있는 아이의 등을 밀어내고 있었다.

우리는 그렇게 헤어졌다. 대한민국의 아들이라면 누구나 치러야 한다는 국방의 의무. 그 위대한 국민의 의무를 완수하기 위해 떠나는 아들을 천릿길 산골 철책선 안에 밀어 넣고 돌아섰다. 아들을 떼어놓고 어미는 눈물을 보이지 않으려 몇 번이나 하늘을 올려다보았다. 참으로 고운 빛깔의 파란 하늘이 내 아들의 입대를 축복하고 있었다.

잠시 이별하는 것이다. 국민의 안녕을 위해 나라를 지키고 사회에 봉사하는 대한의 아들이 되어 돌아올 것이다. 지금은 암흑 속에 답답한 심정이지만 언젠가 탁 트인 길이 나타날 것이다. 그때까지 나는 아이가 길을 잃지 않도록 불빛이 되어 주위를 비추고 있을 것이다.

멀쩡한 젊은이가 국방의 의무를 기피하려고 눈살 찌푸리는 행위를 서슴지 않는 세상이지 않은가. 종종 신문의 사회면을 장식하는 군 입대 장병들의 물의가 국민의 걱정을 사는 요즈음 자원입대라니 기특하지 않은가. 내 아들은 양식 있는 젊은이로 거듭날 것이고, 조국은 내 자식의 건강과 미래를 지켜줄 것이란 확실한 믿음으로 눈물은 아껴둔다.

언제라도 울 수 있다. 누군가 한마디 하면 가득 고여 있는 눈물샘이 금방이라도 톡 하고 터질 것 같은 시간이 흐르고 있다. 그렇게 하루가 시작되고 지나가고 한다. 텅 빈 집안, 뿌옇게 흐려진 시야에 꽂힌 아이의 방에서 찬바람이 새어나온다. 슬며시 일어나 아이의 방문을 닫으며 마음속 최면을 걸어본다. 그곳에선 나의 아들이 늦잠을 자고 있는 것이다.

맛이 없는 밥을 먹으며 부부는 할 말이 없다. 금방이라도 녀석이 나와 반찬이 왜 이래요. 우리 집 식탁은 매일 풀밭이네. 우리 엄마는 아들이 토끼인 줄 아나 봐. 놀려대던 그때의 시끌벅적함이 그립다.

부쩍 말이 없어진 남편과의 대화는 잠시이다. 청소도 빨랫감도 없는 한가한 주부의 하루가 무료하게 흐르고 있다. 텔레비전을 보면 기분전환이 될까. 채널을 양보할 수 없다며 서로 리모컨을 차지하려고 그렇게 싸웠는데. 그때마다 내가 내놓았던 무기는 엄마에게 효도하라는 것이었다. 그런 의미로 양보하라는 엄마에게 아이는 웃으며 리모컨을 건네주곤 했었다. 이제 싸울 상대가 없으니 텔레비전 시청도 시들하다. 다른 재미있는 일을 찾아야 한다.

운동이다. 아들과 약속했다. 자기는 군대 가서 멋진 몸매를 만들어 올 것이니, 엄마도 건강하게 자리를 지켜야 한다고.

아들과 함께 걸었던 운동장으로 간다. 저만큼 또래의 아이들이 무리 지어 운동하는 것이 보인다. 가슴이 철렁 내려앉는다. 꼭 우리 아이와 같은 모습이다. 모자를 쓴 것도 적당히 펑퍼짐한 바지도 우리 애가 운동하러 갈 때의 모습과 같다. 아니다. 요즘에 저런 모습의 젊은이는 대부분이다. 그 역시 어미의 착각이었다.

어쩌면 좋은가. 계속 이렇게 살 수는 없지 않은가. 이십이 개월이나 되는 시간을 어떻게 살아내야 하는지 방법이 없다. 순간 지인의 충고를 떠올린다. 다들 보내는 군대인데 왜 그러느냐. 자기는 아들 하나 군에 보냈지만, 두 명 세 명씩 군대에 보내놓고도 의젓하게 기다리는 부모가 대한민국엔 얼마든지 있다. 그분들이 알면 얼마나 흉을 보겠느냐. 그만 좀 해라.

따끔한 일침이다. 그렇다. 정말 그분들에겐 미안한 일이다. 그런데 어쩌면 좋은가. 지금 누군가 내게 가장 간절한 소망이 무엇이냐 묻는다면, 딱 한번 아들의 목소리를 듣는 것이라 대답할 것이다.

2009. 11. 17.

오해

노란 국화꽃 한 다발이 책상 위에 놓여 있다. 개업을 축하한다는 카드와 함께 꽃을 놓고 간 남자. 그의 마음을 모르는 건 아니지만 받을 수 없는 꽃이다. 염치도 좋다. 어떻게 나를 찾아 왔을까. 사람의 배짱이 그만이나 하니 이 도시를 뜨지 않고 있나 보다.

사무실 한쪽에 치워진 꽃이 눈에 거슬려 신경이 쓰인다. 모르는 척 하루를 보냈는데 꽃이 무슨 죄가 있냐며 동료는 화병에 물을 담아 내온다. 하룻밤을 물 없이 지냈지만 멀쩡하다. 한 묶음을 그대로 꽂아놓고 바라본다. 성의 없이 꽂아놓은 꽃이 책상 위에서 탐스러운 자태를 드러낸다. 자세히 보니 한 송이만 고개를 숙였다. 꽃을 포장할 때 묶었던 철삿줄의 흔적이 선명하다. 그 꽃이 활짝 웃는 모습을 보려면 시간이 좀 걸릴 것 같다. 마음씨 고운 동료의 보살핌으로 차츰 생기를 찾은 꽃 속에서 그녀의 얼굴을 본다.

영희 엄마가 떠난 지 한참이다. 조금은 느리고 둔하기도 했던 그녀를 나는 낙천적이고 긍정적인 사고를 가진 여인이라 생각했다. 세상살이에 누구나 겪는 어려움을 유독 다르게 받아들이는 그녀의 가치관이 불만이었지만 그녀의 느긋함을 배우려 했던 것은 사실이다.

그녀를 처음 만난 건 남편의 직장 야유회 때였다. 남편의 절친한 친구인 그 남자가 결혼을 약속한 사람이라 소개한 여자. 첫인상이 얼마나 앳돼 보이던지 그 달덩이 같은 얼굴이 오랫동안 각인되었다. 피부도 고와서 결혼 후에도 여드름 때문에 고민이던 나로서는 여간 부러운 게 아니었다. 어디 그것뿐인가. 동갑내기인 우리 부부가 서로 지지 않으려고 자리싸움을 할 때, 그들의 애정 표현은 보기에도 민망할 지경이었다. 처음 만나는 날부터 우리 부부에게 싸움거리를 제공했음은 두고두고 핀잔을 받았으니까.

그것은 나이 탓이다. 나보다 십 년 아래인 여자가 그 남자의 아내가 되는 것은 분명 나를 주눅 들게 하는 일이었다. 우리는 이미 아이가 둘이나 있었고, 난 그 애들을 키우느라 한참 힘든 때였으니 결혼의 환상이 조금씩 깨져가고 있었다. 나는 동생 같기도 한 그녀가 연애시절을 좀 더 즐기다 결혼하는 게 좋겠다 했지만, 신랑감이 이미 노총각이니 그런 말을 해서는 안 된다는 남편의 의견에 따라 말을 아꼈다.

열 살 나이 차를 극복하고 그들은 결혼했다. 결혼 후에도 그녀는 나를 여러모로 놀라게 했다. 어린 나이에 맏며느리 역할을 척척 잘

해내서 지금껏 시집식구들과 융화되지 못하는 나를 놀라게 했다. 그 시절 시집이야기만 나오면 기가 죽던 나를 위로한다고 맛있는 음식을 만들어 먹이곤 했다. 무엇보다 열 살이란 나이차를 극복하고 아내자리를 꿋꿋하게 지키는 모습이 아직도 남편과의 싸움에서 헤어나지 못하는 나의 눈에 신기한 일이었다.

나를 언니라 부르며 따랐고 친동생도 모르고 지나가는 기념일을 잊지 않고 챙겨주던 사람. 먹고 살기 힘든 세상에 생일날이면 보내오던 꽃다발이 사치이던 시절. 꽃값이 어찌나 아깝던지 마음만으로 되었다고 뿌리치는 내게 '오늘 하루만' 하면서 나의 멋없음을 나무랐다. 머쓱한 나는 다음부터는 낭비하지 말 것을 당부하는 잔소리를 잊지 않았다.

그런 세월을 살았다. 가까이 살았고 잠시 남편의 직장을 따라 그녀가 다른 도시로 옮겨 간 적이 있으나 우리는 옆에 살 때와 별반 달라진 게 없었다. 자주 전화를 했고 한 달 전에도 우리 부부가 그녀가 살고 있는 도시에 가서 이틀이나 놀다 오지 않았던가. 그들은 여전히 다정했고 주기적으로 바뀌는 다이어트 처방에도 불구하고 그녀는 아직 뚱뚱했다.

남편이 이상하다. 나를 데리고 고급 식당으로 가더니 내가 좋아하는 해물탕을 시킨다. 한참 있다 보니 빈껍데기가 내 앞에만 쌓여 있다. 남편은 먹지 않고 소주잔만 기울이고 있다는 것을 그때야 알았다. 문득 '언니는 먹을 때 보면 참 복스러워. 어쩌면 그렇게 맛있게 먹어.' 하던 그녀의 말이 떠올라 웃었다. 왜 그 말이 떠올랐는지 모르겠다. 그의 말속엔 가시가 있었다. 잘 먹지도 않는 자기는 살이 찌는데, 식탐이 많은 내가 살이 찌지 않는 게 억울하다는 그녀의 속내를 알기에 배시시 웃음이 나왔다.

"영희엄마가 죽었어."

"응, 영희엄마."

나는 그 순간 남편이랑 똑같이 영희엄마 생각을 했다는 것이 신기해서 놀랐다. 그런데 언뜻 뒤이은 낱말이 가슴을 치면서 머리끝이 곤두섰다.

그녀가 죽었단다. 멀쩡한 사람이 왜 죽었는지. 나는 그녀의 몸이 재가 되어 뿌려졌다는 강가에 몇 시간째 서 있다. 한 다발의 꽃을 풀어 하나하나 물속에 던지는 의식은 소용없다. 이건 무슨 짓인가. 아이들 교육시키고 여유로워지면 호사를 누리자 약속했는데 그걸 기다리지 못하고 가버린 그녀가 야속하고 밉다.

그녀에게 무슨 일이 있었던 것일까. 그들 부부 사이에 내가 알지 못하는 일이 있었다는 것은 납득할 수 없다. 지난 일을 다 동원해도 그녀의 침묵 속에 어떤 어려움이 있었는지 찾을 길이 없어 내 상상력은 한계에 부딪혔다. 혹 그녀의 삶에 내가 볼 수 없는 어떤 것이 있었다면 의문의 열쇠를 쥐고 있는 그 남자가 해명해야 한다. 아무것도 모른다는 그 남자를 만나고 싶지 않은 것은, 내가 아직 그녀의 죽음을 받아들이지 못하고 있기 때문이다.

4

하나 그리고 셋

미인 따라잡기

최 여사의 복스러운 얼굴은 친근감을 주는 인상이다. 직업 탓이라 하지만 사람을 상대하는 일이 여간 고역이 아닐 텐데 항상 웃는 낯인 걸 보면 성격이 좋기도 하다. 내 얼굴도 최 여사와 같은 둥근형인데 사람들은 그녀와 나를 같은 이미지로 보는 것 같진 않다.

사람의 얼굴은 태어날 때 조물주가 빚어 놓았다고 한다. 누구나 태어날 때 처음부터 갖고 있는 자기만의 얼굴이 있는데 그것을 관상이라 하고, 관상으로 사람의 운명 · 수명 · 성격 등을 판단한다는 것이다.

조물주造物主는 우주의 만물을 만든 신이다. 사람이 부모님의 몸을 빌려 태어났으나 조물주가 신체를 만들었다는 것이다. 내 몸이라 해서 내 마음대로 할 수 없다는 옛 어른의 말씀은 그런 의미에서 시사하는 바가 크다.

그것을 증명하는 일은 곳곳에 있다. 일제 강점기 선조들은 성인 남자의 상투를 자르게 하는 단발령에 목숨을 걸고 대응하였다. 부모님이 물려주신 몸이니 머리카락 하나도 건드릴 수 없다는 것이 그들의 주장이었다. 그런데 반세기만에 우리의 의식이 달라진 것일까. 상상할 수 없는 일이 벌어지고 있다.

구청 민원실이다. 누군가 나를 보고 있다는 느낌에 뒤를 돌아보니 처음 보는 여인이 저만치서 웃고 있다. 아까부터 민원실 한쪽에서 나를 쳐다보는 시선이 부담스러웠는데 그 여인과 눈이 마주친 것이다. 누굴까. 당황하는 내게 그녀가 다가왔다. 이곳에 들어설 때 자동문 앞에서 잠깐 스쳤던 여인이다.

"나 모르세요?"

"누구시죠?"

모르는 사람이다. 어디서 봤을까. 아무리 기억을 더듬어 보아도 생각이 나지 않는다.

"나 심영희예요."

"아! 그러세요. 죄송합니다."

미안했다. 사람을 그렇게 몰라보다니 예의가 아니다. 한 이 년쯤 됐을까. 모 사무실에서 만난 눈웃음이 인상적이었던 여직원이다. 이목구비가 뚜렷한 지금의 얼굴은 옛날 모습에 우아함을 더했다. 성형수술로 사람의 얼굴이 이렇게 변할 수 있다니 그 놀라움에 탄성이 나올 지경이다.

나는 종종 드라마 속 주인공의 얼굴을 놓고 아이와 논쟁을 벌인다. 화면에 비친 배우는 내가 알고 있는 사람이 아니라는 것이다. 눈이 크고 코가 오뚝한 모습이 같아 보이지만 서로 다른 배우란다. 늘씬한 몸매에 긴 머리 모양까지 같으니 난 그들 배우를 분간하지 못한다.

외모가 제일 먼저다. 사람의 외모를 놓고 평가하는 세상이 되었음이 그것이다. 취직하는 데도, 결혼을 위한 조건에도 당사자의 외모가 차지하는 비중이 커졌다. 사람들이 자신의 생김새를 남과 비교하여 부모를 원망하는 일이 벌어지고, 급기야 자신의 몸에 칼을 대서 뜯어고쳐야 직성이 풀리는 시대를 살고 있는 것이다.

오죽하면 성형외과로 연예인의 사진을 들고 와서 코는 누구 걸로, 눈은 어떤 배우의 눈으로 만들어 달라 주문한다지 않는가. 꼭 의사의 증언이 아니더라도 과연 문명의 발달은 조물주의 영역을 침범하고야 말았다.

성형미인이라 한다. 성형수술이 유행처럼 번지고 있는 요즘, 거리를 활보하는 사람들이 하나같이 영화배우를 닮았다. 그렇게 미인의 모습이 서로 비슷하다 보니 언제부터인가 나는 사람의 얼굴을 자세히 들여다보는 버릇이 생겼다. 예쁜 얼굴이 원래 타고난 것이 아니고 성형수술로 바꿔버린 가짜일지 모른다는 의심을 하게 된 것이다.

최 여사는 그런 의심을 받을 일이 없다. 조금은 넉넉한 사이즈에

먹는 걸 즐기고, 꾸미는 일에 투자를 아끼며, 긍정적 사고를 지닌 그녀는 외적인 미모에 관심이 없다. 억지로 만들어진 인위적인 미인이 활개를 치는 세상에, 외모보다는 내면에서 우러나오는 진실함이 매력적인 그녀는 보기 드문 자연미인임이 틀림없다.

오늘 만난 여인은 몰라보게 달라져 있었다. 연예인도 아니고 보통 가정의 중년부인이 얼굴을 바꿀 수 있다는 것을 생각하지 못했기 때문이다. 처음 그녀를 만났을 때 모습을 기억하는 내게, 그녀의 주름살 없이 하얀 얼굴은 텔레비전 속의 어느 여배우를 닮았다. 모두가 같은 얼굴로 다시 태어난다면 관상으로 자신의 팔자를 점치는 일은 어떻게 되는 것일까.

옛말에 가죽 속에 든 팔자는 아무도 속일 수 없다 했는데 그 말이 얼마만큼 신빙성이 있을지 지켜보는 일도 재미있을 것 같다.

내림-내림

고속도로다. 차는 고속도로에 올라섰다. 불안한 질주로 녹음을 감상할 여유는 없지만, 바람결에 실려 오는 라일락 향기로 계절은 이미 내 곁에 와 있었다.

길을 달린다. 앞지르는 자동차의 속도가 아찔하다. 달리는 쾌감보다는 금방이라도 바싹 다가와 부딪칠 것 같은 뒤따르는 차량의 출현이 손에 땀을 쥐게 한다. 오고가는 길을 가득 메운 자동차의 행렬. 그들이 저토록 급히 달려야 하는 이유가 확실하다면, 지금의 불안감이 상쇄相殺될 수 있는 것일까.

아이는 신이 났다. 갖고 싶었던 자동차를 얻은 기쁨으로 한껏 들떠서 주위를 돌아볼 겨를이 없다. 가장 먼저 엄마에게 보이고 싶었다며 이것저것 자랑이 시작된 아이, 그는 지금 시운전 중이다.

운전대를 잡은 손에 힘이 들어 있다. 상기된 목소리로 자기 차만이 갖고 있는 특징을 자랑하느라 분주한 아이를 물끄러미 보고 있다. 애초부터 나와는 다른 견해였으니 그의 설명이 마음에 와 닿지는 않는다. 그렇다고 아이의 기분을 망쳐서는 안 된다. 그것은 저 아이에게 나는 엄마라는 이름으로 불리기 때문이다.

내 어머니는 자식 앞에서 힘들다는 말을 하지 않았다. 서른아홉에 우리 삼남매를 떠맡은 채 홀로 되었지만 우리들에게 약한 모습은 보이지 않았다. 어머니를 도우며 열심히 살았다고는 하지만 돌이켜보면 당신의 마음을 아프게 했던 일이 많았음을 떠올려본다.

그날 며칠째 하혈을 했다는 어머니의 연락을 받고 달려갔을 때, 그 초췌함은 예전에 본 적이 없는 모습이었다. 갑자기 발병한 병이 아닐 텐데 아들내외를 여행 보내놓고 홀로 밤을 보냈다니, 어머니만 두고 해돋이를 보러간 동생이 못마땅해서 볼멘소리를 했었다.

"애들이 있다고 병이 나을 것도 아니고."

나에게 늦게 왔다고 투정하시던 모습에서 급박한 사정을 알 수 있었는데도, 동생 얘기만 나오면 항상 이런 식이다. 아들에게는 무조건 관대했고 나에게는 양보만 바라시던 어머니. 이해할 것 같으면서도 속상했던 기억도 생생하다.

병원에 가는 내내 별일 아닐 것이라는 생각으로 마음을 다스렸다. 통증을 참으면서도 흐트러지지 않으려 안간힘을 쓰시던 어머니. 주변사람의 시선을 의식하느라 마음껏 소리 지르지 못하셨다.

어머니는 시한부선고를 받았다. 그렇게 어이없이 병원에 들어가

삼 개월 후 우리 곁을 떠난다는 의사의 진단은 간단명료했다. 병세는 빠르게 진행되었다. 병이 깊어지면서 환자의 고통이 심해지자 의사는 보호자를 찾았다.

병원 뜰에 어머니의 휠체어를 세워 놓고 의사와 보호자는 마주 섰다. 환자의 마지막을 편안히 보내드리기 위한 처방을 나는 아무런 준비도 없이 듣고 있었다. 아직 쌀쌀한 날씨에 목련이 하얗게 봉오리를 짓고 있던 그날, 목련꽃봉오리가 늦게 터지길 바라던 절실함을 어떻게 설명할 수 있을까.

꽃을 좋아하던 어머니는 빈 공간만 있으면 꽃을 심으셨다. 아이들이 먹고 버린 우유팩에 봉숭아꽃을 심어 다시 건넸고, 처마 밑에 고른 간격으로 채송화 씨를 부어놓고 들여다보시던 분이다. 그날 아무것도 모른 채 병원 뜰의 봄을 감상하시던 어머니는 아마도 수일 내 집에 돌아가 예쁜 꽃을 키워 낼 꿈에 부풀어 있지 않았을까.

더 이상의 치료는 할 수 없었다. 어머니 자신도 병원이 싫다며 자꾸 집에 가겠다고 하니 못이기는 척 어머니의 뜻에 따라야 했다. 경제적 부담을 떨쳐낼 수 없었다면 핑계가 될까. 나에겐 진학을 앞둔 두 딸과 늦게 얻은 아들이 있었다.

그랬다. 산 사람은 살아야 했다. 엄청난 검사비와 치료비를 부담하는 일이 쉬운 일이 아니라서 희망이 없는 일에 더 이상의 투자는 할 수 없었다. 그렇게 냉정한 판단으로 마음의 각오를 했던 일이라 해서 쉽게 잊을 수 있는 일이었을까. 어머니는 의사가 살 수 있다는 시간을 십오 일 넘긴 날 돌아가셨다.

언젠가부터 버릇처럼 어머니와 다르게 살겠다는 말을 달고 살았다. 능력이 있어서가 아니라 내 마음속에 웅크리고 있는 그에 대한 원망 때문일 것이다. 어머니를 도와야 했던 그 자리가 싫었고 동생들을 위해 학업을 포기해야 했던 것은 평생 후회되는 일이었다. 항상 따라다니던 어머니에 대한 죄책감은 그렇게 빚을 갚는 것이라 억지를 부려보았다.

어떤 경우라도 내 자식은 나의 삶을 닮지 않기를 바라는 것은 부모로서 당연한 일이다. 그런 바람이 엉뚱한 곳으로 불똥이 튄 것인지. 아이는 지금껏 한 번도 하지 않던 고집을 부렸다. 어디서 어긋나 버렸는지 내 생각과는 전혀 다른 일이 벌어진 것이다. 내 보기에 잘못된 선택이 분명한데도 아이의 충동을 잠재울 길이 없다.

아이는 기어이 자동차를 사고 말았다. 엄마로서 간곡히 부당함을 설명하고 부탁했지만 이미 마음을 정해버린 그의 귀에는 들리지 않는 모양이다. 이럴 수가 없다. 달래보기도 화를 내보기도 했지만 소용없어 결국 아이에게 두 손을 들고 말았다. 패배 후에 오는 허탈감이 이런 것인가. 나는 부모에게 어떤 자식이었는지 돌아보는 계기가 되었다면 이미 때가 늦어도 한참 늦은 것을…….

누군가 내게 '부모님을 위해 무엇을 했느냐!' 묻는다면 책임져야 할 자식들이 있어 그리할 수밖에 없었다고 당당하게 대답할 수 있을

지. 내 군색한 변명을 들어 줄 어머니가 안 계신 지금, 자식으로도 부모로도 떳떳할 수 없는 나의 처지는 무엇으로도 위로해 볼 재간이 없다.

2006. 3.

맏이

다섯 평 남짓 된 방이다. 육중한 문이 닫히자 밀폐된 공간에 서늘한 기운이 맴돈다. 반듯하게 짜인 탁자 위에 덩그러니 오른 물체. 엉겁결에 안내된 그곳에 육남매가 차례로 줄지어 섰다. 잠시 후 하얀 시트를 걷어내자 생시와 같은 모습으로 누워있는 어머니의 전신이 드러났다. 어머니의 얼굴이 백지장 같다.

살아있음과 죽음의 차이가 이런 것인가. 평소 말씀하시는 걸 좋아하셨던 어머니. 그토록 원했던 자식들이 한자리에 모인 걸 보고도 아무런 반응이 없다.

어머님이 돌아가셨다는 전갈을 받았을 때 뒤통수를 얻어맞은 듯 믿어지지 않았다. 약주를 많이 하시는 아버님의 건강이 염려되었지 어머님이 먼저 돌아가시는 일은 생각해본 적이 없기 때문이다. 지병이 있다고 하나 정기적인 병원검진에 소홀함이 없었던 어머니. 부지

련한 몸놀림으로 건강관리를 하는 것이라 믿었는데 이렇게 허무한 일이 생길 줄 아무도 예상하지 못했다.

아버님이 혼자 남았다. 농부의 아들로 태어나 평생 농사에 전념하셨던 아버님. 그곳에서 배우자를 만나 땅을 일궈 농사를 짓고 선산을 지키며 사셨다. 두 분이 영원히 생존해 계실 것처럼 자식들은 당연한 일로 여겼는데 어머님이 갑자기 우리 곁을 떠난 후 아버님이 홀로 되셨다.

사람이 감당할 수 없는 충격을 받았을 때 오히려 담담해지는 것일까. 기척도 없이 어머니의 빈소를 지키는 아버님의 작은 몸이 연신 술에 채워지고 있다. 아버님은 술에 취해 정신을 놓은 상태에서도 먼저 간 아내를 찾고 있다. 그동안 고생시켜서 미안하다. 내가 당신을 죽인 거나 마찬가지다. 나도 같이 갔어야 했는데 혼자 보내 미안하다. 똑같은 이야기를 열 번 백 번 되뇌고 있었다.

무슨 소용인가 죽은 사람이 듣기라도 하면 모를까. 이제 다 끝난 이야기인데 그만 하라는 자식들의 핀잔에도 아버님의 낮은 울음소리는 그치지 않고 있다. 저토록 애타게 죽은 자를 그리워하는 부부의 정을 어찌하면 좋은가. 지켜볼 수밖에 없는 나는 몸 둘 바를 모르겠다.

한적한 농촌이다. 깊은 산속 잘 닦여진 농로길 끝자락, 그곳에 서구풍 고급 주택이 우거진 숲 속 한쪽에 자리를 잡았다. 아름다운 집이다. 넓은 들판이 훤히 내려다보이는 정원에 올망졸망 이름 모를 화분이 양쪽으로 가지런히 늘어서 있다. 그곳에 귀빈이 되어 걸음을 옮긴다.

질서 있게 배치된 가구들이 신혼집이라 해도 빠지지 않을 노인시설이다. 항상 젊을 것처럼 관심을 갖지 않았던 노후. 그것이 멀지 않은 시간에 인접했다는 자각을 갖게 한 것은 어머니의 죽음 때문이었다. 백 살은 무난히 살 것 같았던 어머니의 급작스런 죽음 앞에서 엉겁결에 부상한 맏이로서의 책임감으로 노인시설을 둘러보러 왔다.

대형 텔레비전 앞에 모여 한가로운 시간을 보내고 있는 그들은 이곳의 주인공이다. 방금 식사를 끝냈다는 노인들이 초점 잃은 눈으로 방문객을 쳐다본다. 그들의 무표정한 얼굴과 깨끗한 옷차림에서 무언가 찾아내려는 나의 눈과 귀가 분주하게 움직인다.

고령화시대. 문명의 발달은 인간의 수명연장에 기여했다지만, 그 반면 노인문제가 사회적 이슈가 되고 있다. 노인들이 지난 세월을 보상받아야 하는 것은 자연스런 일이고 그들이 맘 편히 노후를 보낼 수 있도록 후손들이 정성을 다해야 하는 것은 당연한 이치이다.

어른 공경은 자손으로서 지켜야 할 예의이다. 머지않은 훗날 내 모습이기도 한 이 상황을 흔쾌히 받아들여야 한다. 설사 내키지 않는 부분이 있어도 자식의 도리가 그런 것이 아니기 때문이다. 이론적으로 한 치의 어긋남이 없는 뚜렷한 당위성에 반론을 제시할 사람은 없다.

사람의 양심과 도리는 어디까지일까. 수없이 반복되는 마음속 분란에 해답을 찾지 못한 채 방황하고 있다. 세상 모든 사람들이 나를 주시하고 있다는 강박관념에서 벗어나지 못하고 외로운 싸움을 하고 있다.

아버님이 혼자 남았다. 두 분이 함께였을 때 어머님이 하셨던 일을 내가 대신할 수 있을까. 가끔은 억지를 쓰시고 술에 취할 때면 당신 몸을 추스르지 못해서 벌어지는 여러 정황으로 가족들을 힘들게 할 것이다. 세상은 달라졌고 주위의 사람들도 나는 못 한다고 말리지 않는가. 그렇게 못이기는 척 편승해서 넘어가면 어떨까.

양심을 숨길 수 없어 사람들을 만나기가 두렵다. 나의 삶이 소중하여 그것을 지키려 하는 것이 이기심이라면, 가족의 이름으로 발부된 맏이 증명서가 나를 옥죄고 있기 때문이다. 그런 가운데 또 하나의 이기심이 슬그머니 비집고 올라온다.

"아버님 예쁜 할머니들 계신 곳으로 거처를 옮기시면 안 될까요?"

마음속 반란을 제어하지 못하고 숨죽여 뇌어본다.

2008. 5. 15.

영혼靈魂

어머니를 뵈러 가는 날이다. 바람이 따뜻해지면 한번 찾아가 보라던 동생의 말이 떠올랐기 때문이다. 당신이 우리 곁을 떠난 후 처음 나서는 길이니 나는 오랜만의 나들이에 거울 앞에서 보내는 시간이 길어지고 있었다.

"엄마! 누가 본다고 그리 오래 채비를 하세요. 차로 갈 건데."

함께 가기로 한 딸애의 재촉이다.

"안 돼, 엄마 잘 차려입고 가야 돼. 안 그러면 할머니한테 혼나."

말이 안 된다는 듯 쳐다보는 딸아이의 시선이 곱지 않다. 한참 후 성장을 하고 나타난 나를 아이는 호기심 어린 눈으로 흘겨보았고, 모르는 척 차에 오르는 등 뒤로 초여름 햇볕이 따갑게 내려앉는다.

어머니는 친정에 다니러 오는 딸이 입성을 잘 차려 입고 오길 바랐다. 허물없는 친정 나들이라 해서 격식을 차리지 않는 걸 싫어하셨다. 언뜻 보기에 이웃에게 보여지는 체면치레인 듯 보이지만 그것은 홀로 자식을 키우는 여인으로서, 남에게 무시당하고 싶지 않은 자존심 같은 것이었다. 그로 인해 나는 시댁에 가는 길보다 친정에 가는 날이 더 긴장되고 조심스러웠다.

어머니는 그곳에 계셨다. 당신의 고향 가는 길이 내려다보이는 양지쪽에 터를 잡았고 뒤로는 아름드리나무가 둘러싸인 아늑한 곳이다. 산기슭에 사람 키만큼 자라버린 잡초들이 온통 푸른색으로 우거진 풀숲은 한 치 앞을 분간 할 수 없다. 맑은 공기는 싱그러웠고 산소 앞에 흐드러지게 피어 있는 들꽃은 저절로 정원을 이뤄 살아계실 때 환경과 그다지 달라진 게 없었다.

거친 풀잎에 베일까 딸이 염려되어 옷매무새를 다듬고 운동화 끈을 단단히 매라 이른 후 주변을 정리한다. 하늘은 푸르고 햇살은 눈이 부신다. 주변에 빼곡히 돋아나 있을 쑥을 상상하며 바람도 쐴 겸 도시락까지 싸왔으니 눈으로는 쑥을 찾고 있는 중이다. 점심을 먹고 나니 긴 시간 자동차를 타고 와서인지 피곤이 몰려온다.

쑥이다. 제비쑥이라 불리는 국화과 풀이다. 군데군데 무리 지어 군락을 이루는 쑥이 아직 다 자라지 않고 퍼져 있는데 언뜻 파랗게 보이지만 잔디와는 차이가 있다. 해마다 어머니 산소 곁에 돋아나 키를 키우고 있는데 어린 잎은 나물로 먹다가 나중에는 한약재로 쓰인다.

잔디를 키우는 데는 유해한 풀이다. 뿌리가 성하여 깊이 자리를 잡기 때문에 잔디가 자라는 데 해를 끼친다는 것이다. 그러고 보니 우리가 떡을 하거나 국을 끓여먹는 쑥하고는 조금 다른 것 같다. 남동생은, 산소의 잡풀은 딸이 와서 뽑아내야 다시 뿌리를 내리지 않는다는 옛말이 있다면서 누나가 와서 수고 좀 해 달라 했다. 그런 거 다 미신이라고 말하려다 동생이 어머니 산소에 쏟는 정성을 잘 알고 있기에 거절할 수 없었다.

남편은 산모퉁이를 돌아가더니 자기 있는 쪽에 쑥이 많이 있으니 와서 캐라고 소리를 지른다. 나는 대답 대신 하얗게 이어지는 도로를 하릴없이 내려다보고 있었다. 어린 시절 어머니 손을 잡고 외가에 다녀오곤 했던 길이다. 꼭 여기쯤에서 차멀미를 하던 나 때문에 우리는 차에서 내려 외가까지 한참을 걸어갔던 기억이 난다. 문득 그날의 기억이 떠오르는 것이 병원에 계시던 어머니가 사후에 굳이 이곳에 묻히기를 고집하셨던 일과 어떤 연관이 있는지 궁금해졌다. 어머니의 병세가 깊어지면서 급히 영면할 곳을 찾던 중에 당신은 이곳을 고집하셨다. 말하지 못한 어떤 생각이 따로 있었던 것일까.

남편이 빨리 오라고 또 소리를 지른다. 나는 동생의 말이 생각나 '거긴 아니지, 여기서 캐야지.' 속으로 중얼거리면서 자리를 옮기지 않았다. 오늘은 쑥을 뜯는 목적이 따로 있지 않은가. 크지는 않지만 소복하게 올라와 있는 쑥을 어머니 곁에서 뜯을 수 있으니 얼마나 다행인가. 쑥을 채취한 후 뿌리를 걷어내는 일도 잊지 않았다.

그래야 내년에 다시 성하지 않을 테니까. 그런데 남편의 알 수 없는 짜증에 손을 멈출 수밖에 없었다.

남편은 자기가 부르는 곳으로 오지 않는 나에게 심하게 화를 냈다. 뒤도 돌아보지 않고 다른 어떤 말로 설명을 하지 않은 채, 집으로 돌아가자고 했다. 돌아오는 내내 나는 그의 옹졸한 처사가 섭섭해서 한마디 말을 하지 않았다. 다음날까지 그 일에 대해서 아직 남편에게 화가 나 있는데 남동생이 전화를 걸어왔다.

"누나 혹시 엄마 산소에 갔었어?"

"응."

"갈 거면 전화라도 해보고 가지! 내가 엊그제 제초제 뿌려놓고 왔는데……."

동생은 산소에 나 있는 쑥을 누나가 언제 와서 뽑아낼지 기약이 없어 생각 끝에 약을 뿌렸다는 것이다. 잊어버리고 있었는데 밤마다 꿈에 보이는 어머니의 얼굴이 어두워서 이상하다 싶어 '혹시' 하는 마음에 전화를 했단다.

그날 남편은 왜 그렇게 화를 냈을까. 황당하게 화를 내는 바람에 한 줌 뜯었던 쑥은 그곳에 버리고 왔었다. 평소에 알뜰하던 내 생활 신조로 볼 때 나물 한 잎도 버리는 일이 없는데 그걸 가져와 먹었더라면 어찌 되었을까. 느닷없이 화를 내서 뜯은 쑥을 다 버리고 오게 했던 남편의 행동과, 어머니가 꿈에 보여서 전화를 했다는 동생의 말은 우연의 일치였을까.

나는 영혼靈魂을 믿지 않는다. 그러기에 어머니가 내 곁을 떠났을 때 모든 것이 끝났음을 받아들여야 했다. 사람의 운명이 신에 의한 것이고, 사주팔자가 태어날 때부터 결정되는 것이라면 애써 살았던 지난날도 다 부질없는 일이 아닌가. 내세來世를 믿었더라면 마음을 다스리는 데 도움이 되었을까. '영혼靈魂은 없다.'던 지금까지의 믿음에 의문을 갖게 되었다면 지나친 억측일까.

기일忌日

설렌 것 없는 친정 나들이에 아침 일찍 눈이 떠지는 걸 보니 오늘 하루는 참으로 길 것 같다. 내가 친정에 가는 날이면 버스길까지 마중을 나오시던 어머니. 그분의 모습을 기대할 수 없는 골목길을 터벅터벅 걷고 있다. 하릴없이 무거운 발걸음이 몇 번이나 더 기일忌日을 지킬 수 있을지. 눈앞은 이미 뿌옇게 흐려지고 있었다.

빈집이다. 누나가 올 것을 알고 대문을 열어 놓은 채 출근했을 동생 집에, 나는 익숙한 동작으로 들어선다. 음식 준비를 해야 한다. 어머니 말씀대로 일 년에 한번 당신이 사시던 집에 와서, 당신이 좋아하던 음식 만들어 제사상에 올리는 것으로 자식 노릇을 하는 것이다. 무엇을 먼저 해야 할까. 낯선 부엌에서 서성이고 있을 때 학교에 갔던 조카가 돌아왔다. 조카는 중학생이다. 한참 놀러 다닐 나이에 고모를 돕겠다고 일찍 온 모양이지만, 나만 보면 부끄러워 묻는 말에 대답도 못하는 아이이다. 그럴 때마다 가슴 한편에 뜨끔한 것이 있어 나 역시 아이의 눈치를 살핀다. 사춘기인 아이가 그때 일을 기억하고 있으면 어쩔까 불안함 때문이다. 서먹한 고모와 조카가 마주 앉았다.

"너 전에 고모가 때린 거 기억하니?."

눈을 동그랗게 뜨고 한참을 쳐다보던 아이가 고개를 흔든다. 휴~ 다행이다. 그걸 기억하지 못하다니. 생각할수록 미안한 일이다.

그때는 어머니가 살림을 하셨다. 장사를 하는 아들내외 대신 손자를 키우고 집안일을 맡아 하셨다. 그러자니 딸네 집에 놀러 오실 때도 꼭 손자를 데리고 왔다. 모처럼 오셨으니 고기를 사드리겠다는 내게 날도 덥고 하니 집에서 먹자고 하신다. 어머니와 오붓한 식사를 기대했으나 집에서 벌인 식사 준비는 번거로웠다.

조카는 식사 내내 칭얼대었다. 무엇이 자기 마음에 들지 않는지 속 시원히 의사 전달이 되지 않아 기대했던 즐거운 시간은 될 수 없었다. 어머니는 사위에게 미안해서인지 식사를 하는 둥 마는 둥 서둘러 일어서셨다. 골이 난 아이에게 집에 가자는 할머니. 그 손을 뿌리치는 손녀를 달래느라 진땀을 흘리며 난감해하시는 어머니. 그것을 지켜보다 아이를 몇 대 때리고 말았다. 쫓기듯 현관문을 나서던 조카와 어머니의 등 뒤에 대고 나는 소리쳤다.

"다음부터 고모 집에 따라오지 마."

그 여름 한낮 택시를 태워 보낸 것도 아니고 분명 버스에 시달리며 가셨을 어머니를 생각하면 아이가 더욱 미웠다. 그 후로 조카는 우리 집에 오지 않았다.

오래전 일이다. 바쁜 세상 아이와 따로 만나 화해할 시간도 없이 어찌어찌 세월은 흘렀고 그때 세 살배기이였던 아이는 이제 중학생이 되었다. 생각해 보면 나 또한 마음 편치 않았던 시간이었다. 어머니를 뵐 때마다 그 일이 마음에 걸려 눈치를 보았지 않은가. 그걸 알아차리고 '아이가 공부하느라 시간이 없어서.' 하시며 빙그레 웃으시던 어머니께 다그쳐 묻지도 못했다.

내 어머니께 삶의 활력을 주었던 아이, 돌아가시는 날까지 아이는 어머니의 희망이었고 삶의 끈을 붙잡는 힘이었다. 그의 마음속에 할머니는 어떤 모습으로 자리하고 있을까.

마음이 급하다. 더 늦기 전에 그 일을 사과해야 한다. 그때의 심정을 풀어놓았다. 그 즈음 할머니의 몸속에 나쁜 병이 발병하고 있었던 것에 대한 안타까움을 설명했다. 고모의 마음이 여유롭지 못해 과민반응을 보였던 것에 대해 사과를 했다. 엄마 아빠에게 이르지 말라는 부탁과 함께…….

고모의 고백에 씩~ 웃어주는 아이가 고맙고 대견하다. 어색한 분위기를 추스르려 할머니가 좋아하던 무 부침을 만들자는 고모의 제안에 아이가 선뜻 따라나선다.

무전이다. 약하게 소금 간을 한 무를 찜통에 쪄서 푹 무른 후에 꺼내 밀가루를 묻히는 일은 조카의 몫이다. 나는 계란 물을 입혀

지져내는 일을 맡았다. 자리를 뜨지 않고 바라보는 조카에게 하나 먹어보라고 건네 본다. 할머니가 좋아했던 음식이라 하니 한입 베어 물지만 반응은 시원치 않다. 늦은 저녁 돌아온 동생내외랑 맛보는 무전의 시원한 맛을 아이는 아직 모를 나이다.

어머니가 오신다는 오늘, 당신의 평안함을 빌어주는 자리에 우리는 함께했다. 나란히 서 있는 자손들의 모습을 보고 당신께서는 흡족한 미소를 지으실 것이다. 사랑은 받는 것보다 줄 때 행복한 것이라 가르치셨던 어머니. 침묵 속에 이어지는 혈육의 정을 확인하는 이 자리에, 나 또한 당신과 같은 마음이 되어 오늘의 의식을 마감한다.

2006. 4. 20.

시누이 & 올케

나도 모르게 눈물이 날 때가 있다. 텔레비전을 보거나 책을 읽을 때 의도하지 않았는데 눈물이 흘러서 난처했던 기억이 있다. 대개는 그 순간의 상황이 나와 같은 것이라서 공감대를 형성하거나, 나도 모르게 사건에 빠져들어 함께 동화되는 것이다. 그런 의미에서 눈물이란 인간이 자기감정을 가장 진실하게 표현할 수 있는 방법 중 하나일 것이다.

친정어머니가 떠나던 날 동생댁은 목 놓아 울었다. 당신에게 모든 걸 의지하고 살았는데 갑자기 떠나시면 우리는 어떻게 사느냐는 물음에 죽은 자는 대답이 없다.

눈물에도 맛이 있다. 구구절절 심금을 울리는 호소력이 사람의 마음을 아프게 하는 울음소리는 듣는 이로 하여금 저절로 눈물을 흘리게 한다. 처절하게 설움이 북받치는 며느리의 울음소리는 보는 이의 눈시울을 적시게 했다. 나도 자식이니 어머니 죽음에 충격은 같은 것이었으나, 어찌된 일인지 눈물이 나오지 않았다. 시간이 지날수록 올케의 울음소리는 담을 넘었고 이웃들은 나와 올케를 번갈아 쳐다보며 고개를 갸우뚱하였다. 슬픔으로 따지자면 딸이 더할 텐데 이해할 수 없는 이 기이한 광경을 사람들은 흥미롭게 지켜보았을 것이다.

오래전 일이다. 꼭 십 년의 세월이 흐른 후 또 다른 죽음 앞에서 눈물의 의미를 떠올려본다.

시어머니의 죽음을 통보받고 가는 길이다. 이번 역시 갑자기 당한 일이라는 것은 어머니 때와 같은 것이나 냉정하게 대처할 수 있는 것은 자리가 주는 책임감 때문일 것이다.

색색의 과일과 맛깔스런 음식이 잔치음식과 다를 게 없다. 다양한 상차림에 지인들이 삼삼오오 둘러앉아 담소를 나눈다. 굳이 상가집이라는 명명이 없다면 언제 슬픈 일이 있었는지 모를 만큼 한가로운 밤이 깊어간다. 언제부터인가 애사와 경사가 구분이 안 되는 세상이 되었음을 보여주는 예이다.

몇 가지 서류에 사인을 마치니 상주는 할 일이 없다. 모든 큰일에는 손님접대가 으뜸인 것인데 그 일이 고용된 인원들에 의해 척척 이뤄지고 있으니 자손들은 할 일이 없다. 빈청에 문상객을 맞는 상주喪主만이 자리를 지킬 뿐 다른 가족들은 지인들과 회포를 풀고 고인을 추억하는 시간을 갖는 여유도 있다. 무엇보다 부엌일에서 해방

된 며느리의 자리가 수월해졌다는 것이 가장 큰 변화이다.

유택을 마련해 드리는 일도 전문가의 도움을 받는다. 살아계실 때 정성을 쏟았던 수천 평 너른 밭 한 귀퉁이 양지바른 곳이 고인의 집이다. 그 일도 사람의 손 대신 기계를 동원하여 빠르고 정확하게 진행되었다. 며칠 동안 이어지는 장례절차가 앞에서 지도해주는 전문가의 체계적인 집도에 의해 끝이 나고 자손들은 그 대가를 돈으로 지불하면 되었다.

집으로 돌아오는 길, 십 년 전 친정어머니의 장례식과 모든 면에서 달라진 오늘의 장례식을 비교해 본다. 투병 중이던 어머니는 눈을 감을 때까지 정신을 놓지 않으셨다. 이승에서의 마지막을 병원에서 맞는 것이 싫다며 굳이 집에 가길 원하셨고, 나는 그 일을 동생과 결정해야 했다. 아무런 준비도 없이 어머니를 집으로 모신 후 곧바로 어머니의 임종을 지키는 일은 나를 일시에 어른의 자리에 올려놓았다.

긴박한 상황은 이어지고 갓 결혼한 동생내외를 대신하여 주관했던 장례식을 홀로 이끌어야 하는 부담감은 슬픔을 내색할 겨를이 없었다.

마음 놓고 울어 볼 수도 없는 어머니 장례식에서 본 올케의 눈물. 그 통곡 속에 담긴 의미가 무엇인지 알 것 같으면서도 이해할 수 없었던 그때, 나는 올케의 자리가 부럽기도 했다. 그들이 어머니를 모시고 살았다지만 서로가 의지하며 살았던 것이 슬픔의 첫째였다.

올케 입장에서야 갑자기 닥친 불행에 어머니 없이 아이를 키우고 살림을 꾸려갈 일이 걱정이었을 것이고, 그로 인해 올케의 애절한 하소연은 듣는 사람의 심금을 울리기에 충분했다. 그러나 입장에 따라 생각은 달라지는 것인지, 어떻게 보면 떠나신 분에 대한 원망으로 들렸던 그의 하소연이 시누이인 나로서는 못마땅하였다. 언제까지 저러고 있을 것인가. 나는 그 울음이 빨리 끝나길 간절히 바랐었다.

십 년 세월에 세상은 달라졌고 전문가의 도움이 있어 한층 수월해진 장례식이 모두 끝난 지금, 내 의지와는 상관없이 흐르는 눈물은 어떤 의미인지 모르겠다. 평소 살갑게 지낸 적이 없는 시어머니의 죽음이 숨죽여 눈물을 흘릴 만큼 애달픔을 간직했을까. 몇 달 전 집안 대소사에 대한 책임을 내게 부탁한다는 어머님의 말씀이 마지막이었음에 생각이 머물자 온몸에 소름이 돋는다.

나는 그분과 약속했다. 그것은 장남으로서 책임과 의무를 다하지 못한 질책이기도 했다. 진심으로 잘하겠다고 염려하시지 말라고 말씀 드렸더라면 가시는 길이 훨씬 편안하셨을까. 왜 그분의 삶이 영원할 것이라 믿고 살았는지 모르겠다. 마음속으로 그분을 이해하려 다짐했으면서도 흔쾌히 대답하지 못했다. 실컷 울고 나면 가슴이 후련해질까. 역시 눈물이란 남을 위해 흘리는 것은 아닌가 보다.

하나 그리고 셋

대가족이다. 저 출산시대에 출산을 장려하겠다는 정부시책에 부응하는 프로그램이 일주일에 한번 다자녀를 둔 가정을 방문한다. 가끔 장성한 자식들이 부모님 회갑연이나 칠순잔치를 베풀어 다복함을 자랑하는 것을 보았으나, 고만고만한 아이들의 재롱과 어려움을 여과 없이 보여주는 그 프로는 새로운 발상이다.

아이를 아홉이나 낳았다는 여인의 밝은 미소가 화면 가득하다. 모두가 아이를 낳지 않으려는 세상에 무슨 생각으로 그렇게 많은 자식을 낳았는지. 진행자의 질문에 여자는 수줍게 웃고 있다. 아홉 자녀를 다른 사람 도움 없이 키워내고 있는 젊은 부부의 일상이 좌충우돌 안쓰러움과 웃음을 자아낸다. 그들의 삶이 재미도 있고 보람도 있어 보여 주말저녁 온 국민을 텔레비전 앞에 앉게 하는 것이다. 어쩌면 사람은 자손을 두어 그들의 성장을 지켜보면서 울고 웃으며 행복을 느끼는지도 모르겠다.

국민의 자율적인 의사에 맡겨야 할 일을 정부차원에서 권장하는 출산장려운동이 관심을 받고 있다. 자식을 많이 낳아 가정을 화목하게하고 나라에 이바지하라는 취지에서 국민의 이해를 구하고 있다. 얼마 전 인구가 너무 많다며 아이를 낳지 말라 할 때는 언제고 다시 말을 바꾸어 국민을 설득하는 것인지. 문득 시대의 흐름이 사람의 운명을 바꿔놓을 수도 있다는 생각을 해본다.

내가 첫애를 낳았던 그해, 출생률이 가장 높았다고 한다. 그 후 둘째를 낳자 정부에서는 인구가 너무 많아지는 것이 염려되어 각 가정에 단산을 권고했었다. 시기적으로 딱 맞아떨어진 '둘만 낳아 잘 기르자.'는 국가사업인 정부시책에 나는 적극 동참했다. 그런데 십 년이 지난 후 이변이 생겼다. 둘만 낳아 잘 기르자던 처음 다짐과는 달리 그해 여름 나는 만삭의 몸이 되어 있었다. 세 번째 아이를 갖게 된 것이다. 휴일 오후 아이 둘을 데리고 쇼핑을 나갔다. 우리 세 모녀를 유심히 쳐다보던 옷가게 주인이 묻는다.

"딸만 둘이세요?"

그의 물음에 화들짝 놀란 나는 큰애를 가리키며

"이 애는 아니에요."

왜 그렇게 놀라야 했는지 정말 엉겁결에 튀어나온 말이다. 그 순간 엄마의 말에 당황한 아이의 표정은 상상하기도 싫다.

그때는 아이를 많이 낳는 것이 부끄러운 시절이었다. 위로 딸이 둘인데 또 만삭의 몸이었던 것이 왜 그렇게 창피하던지 순간 말이 그리 나온 것이다. 이제 많은 시간이 흘렀고 그 때 뱃속에 있던 아이는 고등학생이 되었다.

물론 그날 일로 후유증이 없었던 건 아니다. 며칠을 화가 나서 엄마의 말실수를 따지고 들던 아이를 달래느라 진땀을 뺐던 건 물론이고, 자기가 친딸이 아니라서 그런 말을 한 것 아니냐는 황당한 비약에 당황도 했다. 한참을 울다가 자기 혼자 결론을 내려서는 한동안 마음고생을 하던 딸에게 지금도 그때를 생각하면 변명할 말이 없다.

온 가족이 모이는 날 성격이 고지식한 딸은 아직도 그 일을 잊지 못하고 엄마를 공격한다. 내가 그렇게 사과를 했는데도 서운한 눈치다. 하긴 아이의 입장에서 보면 절대 이해할 수 없는 일일테니 이런 분위기에선 슬그머니 일어나 자리를 피해야 한다.

"엄마, 나한테 미안해서 그러지."

한참을 잊었던 일이다. 아이를 많이 낳는 것이 부담스러워 정부 정책에 따랐던 일이라지만 장남으로서 딸만 둘을 낳고 단산시술을 했다는 것은 나의 경솔함으로 낙인 찍혔다. 부모님에게 그 일은 불효가 되었기 때문이다. 가는 곳마다 나의 실수를 일깨워주고 책망하는 세월을 살았다. 십 년을 버티다 우리 부부가 다시 아이를 갖게 되기까지 첨단의술과 적지 않은 비용이 소용되었다. 그렇게 아이는 셋이 되었다.

결혼 초에는 상상할 수 없는 일이었다. 물론 계획에도 없었다. 없는 살림에 아들을 낳기 위해 셋째를 갖는 것은 무모한 일이었기 때문이다.

둘이어야 자연스러운 것이라 생각했다. 남들도 그리하니 나도 그래야만 했다. 뒤늦게 아이를 낳는 것도 쑥스러웠다. 그런 엄마의 자격지심을 고스란히 큰아이에게 떠넘겼던 그날의 사건은 두고두고 아이에게 상처가 되었을 것이다. 오늘 아홉의 자녀를 기쁘게 낳아 기른다는 부부의 밝은 모습을 보고 나도 모르게 가슴 한편에 찡한 구석이 있어 아이의 눈치를 본다. 나는 왜 좀 더 적극적이지 못했을까 후회도 된다. 또한 우리 아이들은 아무 걱정 없이 자녀를 키울 수 있는 세상이 되었으면 좋겠다. 다행히 이제부터는 자녀를 셋 이상 낳는 가정에 여러 가지 정부혜택을 줄 것이라 하니, 앞으로 태어나는 모든 아이들이 부모의 진정한 축복 속에 자랄 수 있기를 기대해 본다.

2009. 12.

춤

단풍놀이 관광이다. 버스가 고속도로에 들어서자 음악이 울리고 자리에서 일어난 사람들의 몸놀림이 시작되면서 나는 금시 이 여행을 후회하게 되었다. 목적지까지 앉아서 가는 것은 예의가 아니라는 이곳에서의 규칙 때문이다. 어쩌면 좋은가 남 앞에 똑바로 서 있는 것조차 힘든 주변머리로 춤을 춘다는 것은 상상할 수 없는 일이지 않은가.

버스는 예정된 시간을 사십 분이나 넘기고 출발했다. 하상주차장을 가득 메운 차량들 중에 내가 타고 갈 차를 찾는 일조차 힘들었던 새벽. 밝은 표정으로 서로의 안부를 묻는 일행의 분위기는 화기애애했다. 화창한 날씨가 여행에 의미를 더하고 우리는 잠시 후 일어날 일은 전혀 모른 채 기대에 부풀어 있었다.

갑자기 펑하는 소리와 함께 찢어질 듯 울리는 스피커소리에 대화는 멈추었다. 술렁이던 차 안의 공기가 탁해지면서, 소음이 커지고 사람들의 몸이 물결치고 있다. 그들의 신명난 몸놀림이 눈에 익지 않아서 지켜보는 것만으로도 거북스럽다. 여행의 목적은 간데없이 부어라 마셔라 하는 그들의 행위는 눈살을 찌푸리게 했다. 술의 힘으로 모든 스트레스를 날려 보내자는 선창자는 '위하여'를 외치고, 나는 이해되지 않는 이 상황을 벗어나고자 눈을 감아버렸다. 그곳에 또 하나의 춤이 시작되고 있었다.

캄캄한 공간에 희뿌옇게 드러난 물체가 움직이기 시작한다. 애끓는 선율이 흘러나오면서 느리게 움직이는 손놀림이 무언가 호소하고 있다. 사람의 몸이라고 할 수 없을 만큼 유연한 몸짓으로 가슴속 응어리를 풀어내듯 서서히 움직이는 무용수, 음악이 빨라지면서 처연하던 몸놀림이 살아 움직인다. 현란絢爛하다. 어디서 저런 기교가 나오는 걸까. 숨죽인 탄성이 터져 나오고 나는 이 생소한 분위기에 적응을 위해 안간힘을 쓰고 있다.

그제야 보이기 시작한다. 사람의 아픔이 말이 아닌 다른 표현수단으로도 전달될 수 있다는 신비함에서 빠져나오지 못하고 있다.

관람석에 앉아 숨을 가다듬는다. 일곱 번째 무용수가 내 아이라는 것을 안 것은 객석에 앉아 안내장을 펼쳐본 후였다. '졸업 작품 발표회' 방금 전 퇴장한 아이의 가쁜 숨소리가 안쓰러워 어미는 까맣게 가려진 무대 뒤편을 뚫어져라 쳐다보고 있다. 넓은 무대를 자유롭게 넘나들며 나풀대는 무용수가 내 아이라는 걸 알아내는 데 한참이 걸렸다. 생소한 분장과 무대의상을 본 적이 없고, 어떤 춤을 출 것인지는 더욱 몰랐다. 아무런 설명도 없이 행사 팸플릿만 삐쭉 내밀던 아이는 참석 여부도 묻지 않았다. 십 년이 넘는 세월 자식의 공연장을 한 번도 찾지 않았던 부모에 대한 자연스런 시위였다. 항상 부모 앞에서 기가 죽어 있던 아이. 하지 말라는 공부를 한다는 죄罪목으로 자기 생각을 마음껏 표현하지 못했는데 보란 듯이 무대 위의 당당함은 나를 놀라게 했다. 혹 실수나 하지 않을까 관람석에서 애태우던 나의 등줄기는 촉촉이 젖어 있었다.

아이가 무용을 하겠다고 했을 때 우리 부부는 절대 안 된다고 말렸다. 자식은 부모를 닮는다는데 내가 그 쪽으로 전혀 문외한인데 소질이 있다 하니 이해가 되지 않았다. 그뿐인가 경제적 부담이 제고의 여지가 없으니 반대하는 건 당연한 일이었다. 일 년, 이 년 포기할 수 없다는 아이를 설득했지만, 고집을 꺾지 않는 아이와 싸우며 보낸 시간이 얼마나 흘렀을까. 단 한 사람, 아이의 손을 들어준 사람은 나의 어머니였다. 당신께서 모아두신 비상금을 학원비에 보태라고 내놓으시며 격려해 주셨던 어머니. 손녀딸의 당당한 무대를 보지 못한 채 먼 길을 가신 지 오래이다. 오늘 아이의 공연을 같이 볼 수 있었다면 얼마나 기뻐하셨을까. 부질없는 생각을 해 보는데 뿌연 안개가 걷히면서 불빛이 들어왔다.

공연은 끝났다. 환호와 박수소리가 한참 동안 귓전을 맴돌고 그 동안의 마음고생은 다 날아가 버린 듯 어미로서 우쭐함에 젖어본다.

가장 가까운 곳에 있으면서 아이를 인정할 수 없었던 지난날. 그의 내면세계를 이해할 수 없다는 무지함으로 일관했던 나의 입장을 변명하기엔 이미 때가 늦었다. 좀 억울하면 어떤가. 가끔은 원망의 화살을 쏘아대는 아이에게 고스란히 모진 어미로 낙인 찍힌다 해도 아이는 나의 살점이지 않은가.

버스 안의 열기는 대단하다. 출발할 때 처음 만난 사람들이 목적지에 도착하자 오래된 사이처럼 친해졌다. 한 덩어리가 되어 몸을 흔들고 있는 사람들. 그들을 지켜보다 엉뚱하게도 또 하나의 춤을 떠올렸다. 춤— 같은 글자이지만 다른 의미로 다가온 오늘의 춤세상을 아이에게는 비밀로 하는 것이 좋겠다.

그 여자

그거였다. 이 자리가 싫었던 이유가. 결국 죽은 사람만 불쌍하다는 말이 맞다. 내 앞에 나란히 앉아 있는 남자와 여자. 자기 말로 삼십 년 지기라며 우리를 소개하는 저 남자는 남편의 친구이다. 우리가 만난 지 벌써 그렇게 되었나. 따로 생각해 보지 않았던 세월, 그 시간이 참으로 길게 느껴지는 자리이다.

그 남자가 혼자 된 지는 칠 년쯤 된 것 같다. 길다 하면 긴 시간을 아이들과 함께 사는 것 같더니 오늘 소개할 사람이 있다며 자리를 마련했다. 나는 맞은편에 앉은 여인의 고운 자태를 보면서 여러 가지 감회에 잠긴다.

식당 한쪽 벽에 붙어 있는 텔레비전에서 구기자농장이 소개되고 있다. 시선 고정이다. 그곳은 우리가 영희엄마를 찾아 갔던 농장이다. 그녀가 집을 나간 후 돈벌이를 위해 한참을 그곳에 머물렀었다.

화면에 비친 촌부의 손이 검불 같다. 가시에 긁혀 피가 맺히고 딱지가 앉은 거친 손이 부어올라 금방이라도 터질 것 같다. 그 손으로 구기자 열매를 따서 자식들을 교육시키고 자신들의 노후도 갈무리한다는 농부의 고백에 가슴이 뭉클하다.

우리 부부가 찾아갔을 때 그녀의 손도 그랬다. 문화센터에서 배운 솜씨로 남의 머리를 만지던 손이 촌부의 손처럼 거칠어져서 놀랐다. 딸을 키우는 엄마는 이 정도 머리손질은 직접 해야 한다며, 우리 아이 머리를 다듬어 주던 손이다. 긴 머리를 일정한 길이로 자르는 가위질이 신기해 그 손에 머리를 맡기고 거울 앞에 앉아 있는 시간이 좋았다. 가끔은 거울에 비친 내 모습이 마음에 들지 않았지만 이미 잘려나간 머리카락을 되돌릴 수 없다는 것이 안타까울 뿐 그의 수고를 비판할 수 없었다.

결혼 초에는 건설현장에서 인부들 밥을 해주는 식당아줌마였다. 새벽밥을 해 내야하기 때문에 밤늦도록 물일을 하면서 아침을 맞았고, 그 험한 사람들을 다독이는 일까지 해냈다. 그의 억척스러움을 나는 따를 수 없었다. 집안 살림만으로도 버거운 나에게 그의 생활은 늘 불편함으로 다가왔다. 나보다 열 살이나 어렸던 여인. 남편들끼리 친구였으나 그녀는 나를 깍듯이 언니라 호칭했다.

사람의 손을 보면 그 사람의 삶을 짐작할 수 있다는 말을 들었다. 고운 손이 편안한 삶을 말해주듯이 그녀의 거친 손이 우리를 숙연케 했던 시절, 젊은 여자가 어찌나 부지런하던지 가끔은 그녀의 삶에 대해 의문을 갖기도 했다. 무엇이 그녀를 잠시도 쉴 수 없게 하는지 그렇게 열심히 지키려 했던 것은 무엇인지, 그녀는 삶에 대한 남다른 애착이 있는 사람이었다.

"언니만큼 살려면 아직 십 년이나 더 살아야 되네."

무슨 생각이었는지 불쑥 그런 말을 해서 나를 놀라게 하던 그녀를, 물끄러미 바라볼 수밖에 없던 나를 이해하기엔 그녀는 너무 젊었던 것일까. 그가 삶의 터전을 버리고 다른 길을 찾아 떠났다는 소식을 들었을 때 놀라움보다는 배신감을 느꼈다. 그의 책임감 없는 행동을 이해할 수 없었고, 서운함이랄까 그녀를 더 이상 찾지 않기로 했다.

사람의 말을 어디까지 신뢰할 수 있을까. 말이 그 사람의 인격으로 대변되는 세상에 살고 있다고 믿었는데. 그러나 되돌릴 수 없는 현실 앞에서 상대방의 얼굴에 나타난 절망감을 그대로 믿을 수 없다.

영희엄마가 죽었다. 소식을 전하는 남자의 표정에서 진실을 찾고 있다. 한때 남편이었던 그의 비통함이 내 심장의 떨림과 견줄 수 있을까마는 엊그제도 통화를 했던 사람이 아닌가. 그의 목소리에 아무런 이상을 느끼지 못했는데 어째서 스스로 그런 길을 택했단 말인가.

나를 언니라 불렀던 여인, 내가 친동생처럼 믿고 의지하며 속내를 털어놓을 수 있었던 친구이기도 했던 여인. 왜 나한테 한마디 언질을 주지 않고 그런 행동을 했는지. 그녀의 부재가 믿어지지 않아 두고두고 의문으로 남았다. 아니라 해도 절반의 책임은 남편에게 있다는 것을 내려놓지 못하고 칠 년의 세월이 흘렀다.

그 여자는 내가 생각했던 것보다 좋았다. 옛날 아내와 비슷한 여인을 데리고 나온 남자. 굳이 트집을 잡는다면 젊고 예쁘다는 것이다. 그게 트집거리가 되기나 하나 마치 죽은 여인이 살아 돌아오기라도 한듯 말씨도 분위기도 같은 여인을 탐색해 보지만 내세울 만한 트집거리를 찾지 못했다.

그 남자의 운명이고 팔자인 모양이다. 살아있을 때 그렇게 싸우던 부부였지 않은가. 다시 떠올리고 싶지 않을 것이라 생각했는데 옛날 아내와 꼭 닮은 여자를 데리고 와서 우리에게 선을 보인다. 내가 무슨 권리로 그 여인에게 점수를 주고 안 주고 하겠는가.

아이들이 있었다. 그 여자를 보는 순간 아이들을 떠올렸고 그들의 판단이 중요하다는 생각을 했다. 짧지 않은 세월 엄마자리를 대신했던 사춘기 딸애는 아빠의 새 여자에게 순순히 엄마자리를 내어줄까. 이제 어쩔 수 없다는 체념의 자리에서 그 여자를 향한 나의 미소가 아이들을 설득하는 데 협조하겠다는 의미였다면 죽은 여인에게 죄를 짓는 것일까.

2009. 6. 13.

박경수

초대장을 내미는 경수가 수줍게 웃고 있다. 연예인이 대거 출연한다는 텔레비전 인기프로의 녹화장에 참여할 수 있는 입장권이다. 나는 그의 첫 번째 직장이기도 한 방송국 나들이에 친구와 함께 가겠노라 약속을 했다

경수가 방송국에 취직을 했다. 나의 어린 시절을 그대로 닮았다는 그는, 나를 고모라 부르는 친정조카이다. 온 나라의 취업난이 심각한 때 원하던 일을 하게 되어 얼마나 다행인지 어머니가 살아계셨더라면 좋아하셨을까. 어머니 떠나신 후 우리 형제는 집안에 일이 있을 때마다 당신의 부재를 떠올려 안타까움을 더하는 버릇이 생겼다.

내 어머니는 첫 손녀인 경수가 태어나자 다음엔 남동생을 보라고 남자이름을 지어 불렀다. 여자에게 남자이름을 붙여 부르는 것이

못마땅했던 나는, 아이가 커서 원망을 하면 어쩌려고 그러냐며 볼멘소리를 했었다. 그때마다 어머니는 멋쩍게 웃으시며 손녀딸을 꼭 안아주시곤 했는데, 아마도 당신의 마음속에 아들손자를 바라는 소원이 있음을 들켜버린 민망함을 그렇게 표현했을 것이다.

그래서인지 경수는 남동생을 보았다. 어머니가 늦게 태어난 손자보다 손녀를 더 예뻐했던 건, 손녀의 대한 사랑이 변함없음을 증명하는 것이다. 장사를 하는 동생내외를 대신하여 살림은 어머니가 맡아하셨고, 당연히 아이들은 할머니의 손에서 자라났다.

어머니가 우리 집에 오실 때면 꼭 경수를 데리고 왔다. 아이도 할머니를 따라 고모 집에 오는 걸 좋아했는지 어쨌는지 모르겠으나, 어머니는 아이를 당신 손에서 떼어내질 못하셨다. 어딜 가든 할머니 곁에 착 달라붙어 떨어지지 않는 그 애가 야속하고 불만스러웠던 것은 순전히 딸의 입장에서다. 아이에게 무슨 죄가 있을까마는 모처럼 딸네 집에 와서도 아이들 수발하느라 식사를 못하고 일어서는 어머니가 안타까워 종종 심술을 부렸었다. 굳이 버스를 타고 차비를 아껴, 아이들 간식값을 챙기는 것도 못마땅했다. 연세도 많은 양반이 아이를 안고 버스에 오르고 내릴 것을 생각하면 아예 동생네 식구가 모두 미워지기도 했었다.

어머니가 돌아가셨다. 병원에 입원하여 마지막까지 아이들 안부를 챙기시던 어머니는, 소원대로 집에 돌아와서야 눈을 감으셨다. 그렇게 키운 아이들이 할머니가 돌아가신 줄도 모르고 영정 앞을 뛰어다니던 일이 엊그제 같은데, 십여 년이 흐른 지금 경수는 의젓한 숙녀가 되었다.

가끔씩 나는 그런 일들이 떠올라 속이 상해서 우울하고 슬프다. 할머니가 없어도 아이들은 울지 않았고, 밥도 잘 먹고, 학교에도 잘 다니고 무럭무럭 자라나 주었다. 그렇게 아이들은 성인이 되었고 좋은 직장에 취직도 되었다. 어머니가 살아계셨으면 춤이라도 추실 일이다.

그들이 잘 자라주었으니 고마운 일이다. 바삐 살다보니 표현을 못해서이지 여간 흐뭇한 일이 아닐 수 없다. 다만 그의 마음속에 할머니의 대한 기억이 아직 남아 있다면, 그 사랑을 잊지 않았으면 좋겠다는 말을 하고 싶었다. 그리고 '옛날에 고모가 했던 일 중에 서운한 게 있었다면 그것은 잊어버려야 한다.' 그런 마음을 전달하고 싶어 나는 아이와의 만남을 손꼽아 기다렸다.

행사장에 도착했다. 그러나 입구를 가득 메운 인파 속에서 경수를 찾는 일은 어려웠다. 언제 이런 곳에 와본 적이 있는가. 아이만 믿고 시간 맞춰 왔는데 녹화장에 들어가는 건 어려운 일이 되어 있었다. 초대장이 있다고 해서 다 들어가는 것이 아니라 선착순 입장을 시킨다는 관계자의 설명에 기운이 빠진다.

실망이다. 꼼짝없이 돌아가야만 할 참이다. 으스대며 친구까지 데리고 왔는데 체면이 말이 아니다. 아이를 찾아야 했다. 내 조카가 방송국 직원이 아닌가. 한참 만에 전화연결이 되었다.

"고모 규정이 그러니 제가 어떻게 해볼 수가 없어요."

아이의 힘없는 대답이다. 신입사원이라 그런가. 아니다. 어떻게 그런 생각을 할 수 있는가. 경수가 누구인가 고지식하고 주변머리 없는 거야 제 아빠도 이 고모도 다 똑같지 않은가. 그는 박 씨 집안 자손임이 틀림없다.

괜한 전화를 해서 아이를 난처하게 만들었다. 그래 박경수. 이제 시작인데 그런 일로 마음을 어지럽히는 것은 안 되지. 남에게 폐 끼치지 말고 떳떳하고 당당하게 자기 맡은 일에 충실하길 바랄게. 박경수 파이팅.

졸병이 되어

어딘가에 소속이 되어 본 사람은 그 거추장스러움에 부담을 느꼈을 것이다. 내 마음대로 할 수 있다는 것, 그 자유로움이 얼마나 홀가분한 것인지는 소속을 박차고 떠날 수 없을 때 더욱 간절한 것이다.

수화기 저편에서 '누구세요.' 묻는 사람은 내 동생이다. 뜬금없이 생일선물을 하겠다는 동생은 언니의 목소리가 달라져 다른 사람인 줄 알았단다. 지난겨울 병원에 입원했던 일이 형제간의 우애를 다지는 계기가 된 셈인가. 동생은 종종 전화를 해서 언니의 안부를 묻는다.

오랜만의 백화점 쇼핑이다. 평소와 다른 옷을 입어보란다. 전혀 어울릴 것 같지 않은 옷을 동생의 권유에 못 이겨 걸쳐본다. 거울 속에 낯선 여인이 어색한 표정으로 나를 보고 있다. 지나는 사람들도 나를 본다. 그들의 시선이 여간 부담스러운 게 아니다. 분위기를 바꿔보라는 동생과 예쁘다는 점원의 말만 믿고 고개를 끄떡이고 말았다. 그렇게 적지 않은 돈을 지불한 동생의 선물은 몇 년째 장롱 속에서 나의 선택을 기다리고 있다.

나는 그들의 대장이다. 맏이로 태어나 부모님이 안 계신 집안의 대장으로 살았던 시절. 그들을 보호하고 이끌어야 하는 부담은 나를 일찌감치 어른으로 만들어 놓았다. 나이를 먹는다는 것이 그만큼의 책임과 의무가 따르는 것인지. 어쩌면 동생들 건사하며 평범하게 사는 삶이 마음 편한 일이었을지 모르겠다.

그런 내게 모임의 장이 되란다. 대장은 집에서 하는 것으로 충분한데 사람들 눈에 내 마음이 보일 리 없으니 이런 일이 벌어졌다. 회원 모두가 차례로 돌아가면서 맡기로 했다지 않은가. 무엇보다 나 하기 싫다고 남에게 미룬다는 것은 이기적인 일이지 싶다.

엉겁결에 수락하는 꼴이 되어버렸다. 박수를 받는 순간 심장박동은 빨라졌고 가슴을 짓누르는 압박감은 마음을 무겁게 했다.

대장이 되었다. 내게 그만한 자질이 있는지 돌아볼 겨를도 없이 씌워진 감투가, 맞지 않는 옷을 입은 것만큼이나 불편하다. 여러모로 나를 앞서는 회원들의 리더가 된다는 것이 쉽지 않은 자리에 내가 있었다.

내 생각은 비집고 들어갈 공간이 없다. 사람들과 부딪치는 게 싫어 눈치를 보는 일이 잦아지면서 말과 행동이 일치하지 않는 것에 실망을 했다. 결국 상대를 배려한다는 명목으로 침묵했고, 내 의견을 당당히 표현하지 못하고 속으로 삭히는 것으로 허울 좋은 리더가 되고 말았다. 내게 주어진 시간은 일 년이고 시간은 흐르는 것이다. 약속된 그날이 오면 후임자가 정해질 것이고 나는 그날까지 인내심을 갖고 기다릴 것이다.

몇 달째 한가하다. 모든 걸 털어버리니 홀가분한 기분이 되었다. 미뤄둔 공부에 전념할 수 있어 얼마나 좋은가. 반가운 얼굴들과 함께한 자리에 문학행사를 알리는 팸플릿을 받아들고 참석 여부를 고민하고 있다. 한동안 소홀했던 문학행사이다.

행사장 가득한 사람들의 활기찬 모습을 본다. 모두 자신감에 넘쳐 있다. 이런 자리 아니면 뵐 수 없는 어른들의 얼굴도 가까이 있다. 아무것도 한 일이 없으면서 애쓰신 분들의 배려로 편안한 시간을 보내고 있다. 그들의 분주한 몸놀림을 보면서 역시 무슨 일에든 고생하는 분들이 있어야 편안히 즐기는 사람이 있다는 걸 알았다.

우물 안 개구리였다. 동생들을 거느린 가장노릇을 거울 삼아 시도했던 대장놀음은 쉽지 않았다. 남 앞에 설 수 있는 용기가 없었지 않은가. 배짱이 없으니 작은 것을 희생하여 큰 것을 얻을 수 있다는 진리 앞에서도 한사코 망설이다 일을 그르치곤 했었다. 집을 비우는 일이 가장 큰 어려움이었다. 꼭 참석해야 할 행사에 집안일에 발이 묶여 시계만 올려다보고 있을 때 홀로 낙오자가 된 기분이었다.

다른 사람이 되어보려고 했다. 나도 잘할 수 있을까 다짐도 했었다. 생각처럼 되어 주지 않던 그 자리가 어찌나 부담스럽던지 애가 타서 마음 졸이던 시간들이 아스라한 옛날처럼 까마득하다. 시간은 그렇게 흘렀다.

짐을 내려놓던 날의 홀가분함은 어디에 비할 수 있을까. 그날 날개를 단 듯 가벼운 몸과 마음은 금방이라도 하늘을 날아오를 것 같았다.

원하던 졸병이 되었다. 졸병이 되어 누리는 행복감에 젖어 새로운 임원진에게 애정을 표현하는 것조차 잊어 버렸다. 행사준비에 분주했을 임원진의 수고에 치하를 보냈어야 했다. 염치도 모르고 분위기를 즐기고 있는 철없는 여유를 어쩌면 좋은가.

5
두 번 가는 길

두 번 가는 길

운명을 믿는가. 운명이란 "인간을 포함한 우주의 일체를 지배한다고 생각되는 필연적이고 초인간적인 힘"이라는 사전적 풀이에 소름이 돋는다. 꼭 일 년여 동안 보장되었던 그 남자의 행복. 그 행복에 마침표를 찍는 날, 운명이란 글자를 떠올려 본다. 겉으로 드러내어 말하지 않았지만 말리고 싶었던 그 남자의 선택. 정말 안 되는 것이었을까.

그를 만난 지 수십 년. 오래전 그 남자의 첫 번째 여인도 우리 부부가 선을 보았었다. 내 막내 동생보다도 어린 여인을 데리고 나타난 그날, 혹 그 남자가 부러웠을지도 모를 남편에게 속을 떠보았던 기억이 있다.

가끔은 농담처럼 그때 일을 떠올리며 우정을 쌓아가던 시절, 피붙이보다 더 다정하게 지냈던 우리는 가까운 곳에 이웃하여 살았다.

그렇게 두 집안이 서로의 흉허물을 다 감싸 안는 사이라 믿었는데 놀라운 일이 벌어졌다.

그 부부가 이혼을 선언했을 때 우리는 믿지 않았다. 예쁜 부인과 알토란 같은 아들과 딸을 둔 대한민국의 보편적 가정이 아닌가. 겉으로 보이는 그 남자의 결혼생활은 문제가 없어 보였다.

십 년의 세월이 흘렀다. 그 남자가 이혼 후 홀로 보낸 시간이다. 그동안 아이들은 대학생이 되었고, 아이들 엄마는 소식이 끊어진 지 오래이다. 동절기로 접어드는 작년 겨울, 그 남자의 두 번째 결혼을 알리는 청첩장을 받았다. 남들은 한 번만 하는 결혼을 두 번씩이나 하게 된 일이 쑥스러운 일이었지만, 외향적인 그의 성격은 그 일마저도 사람들에게 관심거리가 되었다.

햇빛 고운 봄날 한적한 식당에서 새 신부를 만났다. 가녀린 몸매에 하얀 피부가 실제 나이보다 어려 보이는 여인이었다. 남자 입장에서야 우리에게 선을 보이는 자리인 셈인데, 조금은 철이 없어 보이는 여인이 그 남자에게 벅찬 상대라는 생각을 했었다.

결혼식장으로 향하는 발걸음이 무겁다. 초대받은 자리에 손님으로 가는 기분이 이렇게 찜찜할 수가 없다. 떠나간 사람이 떠올라 안타깝고 어쩔 수 없는 이 상황을 받아들여야 하는 것이 화가 났다.

눈이 내리는 날 결혼식은 성대하게 거행됐다. 새 아빠를 갖게 된 딸이 피아노 반주를 하는 것이 인상적이었고, 새 엄마를 맞는 아들과 딸이 싱글벙글하는 것도 의아했다. 다 저럴까. 그들의 마음속에 지나간 아빠와 엄마에 대한 기억은 다 지워진 것 같아 씁쓸했지만, 새 부모님을 맞는 아이들이 일찌감치 살아가는 법을 터득한 것이라면 차라리 잘된 일이라 생각했다.

한참 만에 남자의 전화를 받았다. 목소리가 예전 같지 않다. 세상을 다 산 사람처럼 체념 섞인 한숨소리에 내가 보호자나 된 것처럼 가슴이 내려앉는다. 사는 것이 녹록하지 않은 게 분명하다.

겨울바다를 보러 가기로 했다. 흔쾌히 따라 나서는 부부에게 그동안 마음속에 쌓인 것이 있다면 바닷물에 날려 보내는 후련함을 맛보게 할 참이었다. 여행은 사람의 마음을 여유롭게 하는 재주를 가졌기 때문이다. 그런 마음으로 서로를 이해한다면 세상에 해결되지 않을 일은 없을 것이다. 무엇보다 그들이 부부가 되어 지낸 시간이 얼마 되지 않았으니 상처도 가벼울 것이라는 믿음이 나를 안심시켰다. 그들보다 조금 일찍 결혼한 사람으로서 내가 내린 진단이었다.

그러나 출발할 때의 의지와는 달리 아침저녁으로 티격태격하는 그들을 보며 마음속으로 자신감이 떨어졌다. 어쩜 저리도 양보와 이해를 할 줄 모를까. 사람들은 부부가 싸워야 정든다고 농담 삼아 말을 하지만 이론과 실제는 다른 경우가 얼마든지 있기 때문이다.

부부란 남남이 만나 사는 것이다. 연애시절 좋은 것만 보일 때의 환상으로 결혼을 결심했다면 결혼 후에 느끼는 상실감은 더 클 것이다. 젊은 사람도 아니고 나이 들어 만난 사람들이 상대에게 바라는 것만 많으니 현재 저들의 결혼생활은 지옥임이 틀림없다. 각자 아이들 문제에 예민하게 끼어들고 새로 결성된 가족들에게 서운한 것이 많아지면서 분쟁은 끊이지 않았다.

양쪽의 속마음을 털어놓는 시간. 한 치의 양보도 없이 자기 말이 옳다 하니 누구 편에도 서지 못하고 듣고만 있다. 한 사람씩 떼어놓고 보면 둘 다 틀린 말이 없는 것이 내가 답을 낼 수 없는 문제이다.

이혼 후 홀로 아이를 키워낸 여인이 더 나은 삶을 찾아 재혼을 결심한 것을 나쁘다 할 수 없고, 아내 대신이었던 아들과 딸이 전부였던 남자가, 기대했던 결혼생활의 평온함을 나무랄 수도 없다. 그들이 각각 또래의 아이들을 데리고 행복한 미래를 약속했지만 두 가정이 하나가 되는 것은 쉽지 않았다. 다 극복할 수 있다고 자신 있게 출발했지 않은가. 이제 또 다시 파국을 맞게 된다면 누구의 책임이 더 큰 것인지 논쟁은 길어졌다.

역시 세상에는 노력해도 안 되는 일이 있는가 보다. 그들 부부의 핏발선 얼굴 위로 운명이란 낱말이 겹쳐지는 건 나의 지나친 기우일까. 처음과 별반 다르지 않은 이유로 위기에 선 부부. 두 번째이기에 더욱 신중했으면 좋겠다.

미뤄 둔 잔치

횡단보도 앞에서 발을 멈춘다. 신호등이 파란색으로 바뀌자 질주하던 자동차 행렬이 일제히 멈춰 선다. 정렬된 차량들 중에 친구의 차는 보이지 않는다. 나는 급히 가방을 열어 메모장을 꺼내 든다. 어젯밤 졸린 눈으로 중요한 내용을 적어 놓은 것이다. 그 사이 친구의 차가 내 앞에 와서 멈추는 것을 보지 못했다. 차창 밖으로 올려다보고 있는 그녀와 눈이 마주치자 어색한 웃음을 지으며 차에 오른다. 잠시 들여다본다는 것이 염치없는 일을 만들고 말았다.

친구와 함께 도서관으로 향하는 일상이 몇 달째 반복되고 있다. 서로의 약속에 의해 그녀의 차가 도착하는 시간은 정확하다. 나를 길 위에 세워두지 않으려는 그녀의 배려였다. 오늘 조금 늦어지는 걸 참지 못하고 혼자만 공부하는 모습을 들켜버렸으니 민망한 일이 아닐 수 없다.

도서관에는 나만의 시간과 공간이 있어 좋았다. 꼼짝 않고 앉아 있는 시간이 얼마나 흘렀을까. 친구에게 방해되지 않게 조용히 기지개를 켜본다. 무엇 때문에 이 공부를 해야 하는지 확실한 이유를 알고 있기에 늦장을 부려서는 안 된다. 커피를 마시러 나선 휴게실. 거울에 비친 하얗게 바랜 여인의 얼굴이 낯설다.

시험날짜가 임박해지자 우리는 마음이 바빠졌다. 지금껏 공부한 것을 검증받기 위한 노력으로 각종 문제지를 섭렵했고, 이런저런 권유에 솔깃해서 학원의 모의시험에도 기웃거렸다.

결정의 날 남편의 차는 나를 내려놓고 운동장을 빠져나간다. 여기까지다. 그 다음은 내 몫이다. 긴장된 순간 침착하게 대처해야 한다는 각오도 친구와 함께 했다.

이럴 수가 없다. 열심히 공부했으니 후회는 없을 것이라 자부했던 일인데 전혀 상상할 수 없는 일이 벌어지고 말았다. 깨알 같은 글자가 내 머릿속에서 해독되지 못한 채 나를 조롱하듯 쳐다보고 있다. 시험 전 다짐과는 달리 초조한 마음은 답안지 작성에 차질을 빚고 있다. 야속한 시간은 흐르고 그동안의 고생은 물거품이 되어가고 있었다. 조금만 겸손했어도, 친구와 여유 있게 나눠먹은 음료수가 생리현상으로 이어지는 속도가 그렇게 빨리 오지 않았더라면. 끌어다 붙일 수 있는 모든 것을 핑계 거리로 삼아 위로를 해 보았다.

불합격이다. 누워 있어도 천장 위에 선명한 세 글자가 눈에 어른거려 아무 일도 할 수가 없다. 지우려 해도 씻어버릴 수 없는 수치심이 오랫동안 마음을 차지하고 있어 평정을 찾기까지 힘이 들었다.

'다시 해 보겠다. 이렇게 주저앉을 수 없다.' 마음을 굳히는 데 이견은 없다. 합격 후 나의 당당한 모습을 상상하며 용기를 낼 수 있었던 것도 친구와 함께여서 가능한 일이었다. 그렇게 다시 일 년 후를 기약했다.

"축하합니다."

한밤중 전화선을 타고 들려오는 팡파르에 온몸이 전류에 감전된 듯 아찔하다. 합격이다. 그렇게 애태우며 기다렸던 단어가 아닌가. 귀에 선 메시지를 몇 번이나 다시 듣고 확인하는 것으로 온 가족이 기쁨을 만끽했다.

세상에 쉬운 일은 없었다. 오만으로 가득한 자신감은 여지없이 실패로 이어진다는 교훈도 얻었다. 꼭 노력한 만큼의 결실을 얻는다는 진리를 깨닫는 데 먼 길을 돌아서 온 셈이다.

'국가고시자격증'을 품에 안은 지금의 감동은 그 무엇을 얻었을 때보다 큰 것이다. 난 이 기쁨을 친구와 함께할 수 있을 때까지 가슴 속에 간직할 것이다. 그날 조심스런 나의 합격소식에 기꺼이 기뻐해 주던 친구. 그 미소 속에 담겨있는 아쉬움을 모를 리 없는 내가, 무슨 말로 친구를 위로할 수 있겠는가. 매사에 적극적이고 똑똑한 그녀가 이번 결과를 놓고 받았을 상처는 짐작하고도 남는 일이다. 나였더라면 그 상황에서 친구처럼 의연할 수 있었을까. 나는 요즘 그녀를 잃을까 전전긍긍하고 있다. 드러낼 수 없는 마음의 빚이 돌을 얹어 놓은 듯 가슴을 무겁게 누르고 있기 때문이다.

서브노트를 들고 친구를 찾아 나선 발걸음이 가볍지만은 않다. 지난여름 송곳처럼 내리쬐던 햇볕을 피해가며 정리해 놓은 것이다. 손때 묻은 노트가 지난 시간을 증명이라도 하듯 두께가 만만치 않다. 그녀가 또 한 번의 여름을 잘 치러낸 다음, 함께 웃을 수 있는 날 지금의 마음고생은 추억이 될 수 있을까. 기대감으로 내딛는 발걸음에 힘을 실어본다.

2002. 12. 5.

급체

사진이다. 모니터 화면 가득 남편의 얼굴이 웃고 있다. 매일 보는 얼굴인데 이렇게 만나니 분위기가 새롭다.

사진을 집에서 뽑을 수 있는 세상이 되었다. 남편이 급히 사진이 필요하다는 말에 큰딸이 자기 컴퓨터에 저장된 CD를 보내 왔다. 지난여름 가족사진을 찍던 날 혹 필요할지 모르니 명함판사진을 찍어 두자는 아이들 성화에 마련해 두었던 것이다. 그들이 예상했던 대로 여권을 내야 될 일이 있어 요긴하게 썼던 기억이 있다. 한참을 잊고 있었는데 사진관에서 CD에 담아준 것을 딸이 컴퓨터에 저장해 놓았던가 보다. 주름살을 곱게 수정하여 모니터화면에 오른 사진을 보고 남편은 만족한 미소를 지었다.

연습이다. 남편의 얼굴을 이면지에 출력해본다. 의심 반 기대 반으로 쳐다보는 남편이 신기하다는 듯 인쇄된 자기 얼굴을 보고 있다. 성공이다. 화면에서 보던 남편의 얼굴이 그대로 찍혀 나온다. 의기양양한 나는 보란 듯이 인화지를 끼워 넣고 다시 한 번 인쇄를 클릭 한다. 소식이 없다. 들어가던 용지가 나오지도 더 이상 들어가지도 않은 채 프린터기는 작동을 멈췄다. 기계가 이상하다. 평소에 하나만 들어와 있던 파란불 말고 옆에 있는 불들이 차례로 번쩍인다. 무엇이 잘못된 것일까. 방금 전에도 아무 탈 없이 인쇄가 되지 않았던가. 스위치를 다시 켜보고 이리저리 보아도 내 재간으로 알 길이 없다.

아이에게 전화로 도움을 청한다. 전화기를 통해 아이는 이것저것을 점검하라고 일러주지만 나는 알아들을 수가 없다. 시간은 흐르고 '그냥 사진관에서 찍을 걸.' 후회하는 남편 앞에서 체면이 말이 아니다. 진즉 기계의 작동을 배워두지 않고 그냥 사용만 했던 것이 후회가 된다. 그저 아이들이 만들어 준대로 사용만 하였지 기계의 특성을 배울 생각도 더 알려고도 하지 않은 채 만족하고 있었다.

그러니 오늘 같은 일이 생긴 것이다. 결국 서비스센터에 맡겨진 기계는 기술자의 손에서 별다른 수리도 받지 않은 채 정상으로 돌아왔다. 왜 이런 일이 일어났는지 궁금했다. '컴퓨터의 명령을 프린터가 잘 읽지 못한 것 같기도 하고…….' 끝을 흐리는 기술자의 대답에 딱 부러지는 정의가 없다. 석연치 않지만 알아들은 척 고개를 끄덕이던 나의 뇌리에 스치는 것이 있다.

며칠 전 일이다. 저녁모임이 있는 날이라 외출 준비를 했다. 집을 나서기 전 집안 정리가 잘 되었는지 돌아보고 가볍게 현관을 나섰다. 잠시 후 불안한 생각이 들어 다시 한 번 집안을 들여다보고 확인한다. 언제나 그랬다. 지나친 결벽증이다.

내 어머니는 말씀이 없는 분이였다. 우리 형제가 티격태격 싸울 때도 언성을 높이기보다는 아무 말씀 없이 눈을 크게 뜨시는 걸로 위엄을 지키셨다. 우리는 서로의 잘못을 가리지 않고 무조건 싸움만을 중지시키는 어머니가 야속했지만 누구도 어머니께 항의하지 않았다. 그것이 몸에 배었을까. 살아가면서 하고 싶은 말을 다 하고 살 수는 없었다. 결혼 후에는 행동까지 제약을 받는 생활이 시작되었다. 다들 그렇게 사는 줄 알았다. 큰 불편 없이 그럭저럭 사는 일에 잘 적응하고 있다고 자신을 다독이며 살았다.

외출의 제약이 그것이다. 남편의 바람대로 가족들이 집에 있을 때 나가는 일을 삼갔다. 밤에는 더욱 그랬다. 주부가 해 떨어진 시각 집을 비우는 것이 용납되지 않는 남편의 소망대로 난 그 기준에 맞춰 사는 데 익숙해졌다.

달라져야 한다. 아니 이전과는 달라졌다. 지난가을 병원에 다녀온 후로 마음속 파문을 일으킨 것이다. 잠깐 동안이었지만 생사의 길에 서서 나 자신을 돌아보는 시간이었다. 처음으로 살아 있음의 소중함을 깨달은 셈이다.

자유로워진 외출이 부자연스럽다. 겉으로는 반란을 일으켰지만 마음속 내면까지 동조하기는 어려운가 보다. 우선 불편한 게 많다.

낮에 보았던 거리가 밤에는 달라져 있으니 길을 분간하지 못하겠고 익숙지 못한 바깥에서의 식사도 편치 않다. 맛있게 먹어야 할 음식이 언제 일어서야 예의에 어긋나지 않는지를 걱정하느라 양이 줄어들지 않고 있다.

현관에 들어서면서 가족들의 얼굴을 살핀다. 모두가 평안하다. 아이들은 그렇다 치고 남편도 하던 일을 계속하느라 쳐다보지 않는다. 싱거운 귀환이다.

한밤중 배가 뒤틀려 일어났다. 집에 돌아왔다는 안도감에 일시에 피로가 밀려와 잠 속으로 빠져든 것 같은데, 불편한 마음으로 식사를 했으니 속에서 받아들이지 못했나 보다. "웬 마음고생! 기왕에 나갔으면 편하게 놀다 오면 될 것이지." 남편은 내 성격을 나무란다. '그게 다 누구 탓이냐.'는 한마디가 튀어나오려는 것을 애써 눌러 참았다.

내 탓이다. 누가 뭐라 했는가. 스스로 나를 단속하고 완벽하려 마음의 빗장을 걸어두었던 것이 문제였다. 서서히 변해야 했다. 다 아는 일인데 갑작스런 변화에 몸과 마음이 함께하지 못했던 것이 부작용을 낳고 말았다.

이론과 실제의 차이

사람이 죽었다. 응급실에 실려 온 환자가 의사의 진단이 잘못돼 엉뚱한 처방을 받았고, 그 후유증으로 치료할 수 있는 환자를 죽게 했다는 것이다. 환자는 의식 없이 며칠을 버티다 가족들의 애타는 바람도 모른 채 숨을 거두고 말았다. 망자亡者를 살려내라는 성난 가족들의 절규가 보는 이의 가슴을 아프게 한다. 멱살을 잡힌 채 그들이 흔드는 대로 몸을 가누지 못하는 의사는 묵묵부답이다.

한바탕 소동은 지나갔다. 피해자 가족들이 탈진하여 바닥에 쓰러져 있다. 도저히 받아들일 수 없는 현실 앞에서 눈물은 말라버렸고, 하늘을 올려다보는 눈빛에 원망과 억울함이 가득하다. 나는 그들의 편에 서서 병원을 타도打倒하면서도, 동시에 고개를 숙이고 할 말을 잇지 못하는 의사에게도 연민의 정을 느낀다.

의학드라마다. 백색가운을 입고 의욕적으로 환자를 치료하던 의

사는 말쑥하던 어제의 모습과는 달리 후줄근한 차림이다. 방금 전 그는 피해자 가족에게 무릎을 꿇었다. 피해자와 가해자 누군들 그 자리가 편하겠는가. 병원을 뛰쳐나간 의사가 바다를 찾아 벼랑 끝에 서 있다. 긴 시간 수평선을 보고 있는 젊은 의사의 뒷모습이 안쓰러워 보는 이의 가슴이 뭉클하다.

드라마 속 인물의 딱한 사정을 떨쳐내지 못한 채 우울한 날을 보내고 있다. 부쩍 건강을 다루는 프로그램에 심취해서 시간을 보내다 보니 얻은 결과이다. 어지간한 의학상식은 다 꿰뚫을 것 같은 박식함이 오히려 건강을 해친다는 것을 알면서도 멈출 수 없음이 문제이다.

의사는 신이 아니다. 그들도 사람인데 어찌 실수가 없겠는가. 화면 가득 비춰지고 있는 피해자와 가해자의 초췌한 모습을 보면서 가여운 마음이 되는 건 내가 인정이 많아서가 아니다. 객관적으로 보면 그럴 수 있는 일이라 판단되기 때문이다.

그랬다. 드라마를 보면서 나는 그리 생각했었다. 드라마 속 남의 이야기를 보면서 가슴 아파했고 너그러운 마음으로 서로를 용서하라고 눈시울을 붉혔다. 그러나 이론과 실제實際는 다르다. 나 자신이 같은 일을 경험한 것이 아니었기에 쉽게 말했던 것이지 내가 주인공이 되었을 때는 다르다.

지난해 건강검진 때 목에 조그마한 혹이 발견되었다. 그것이 겉으로 보이는 것이 아니고 아프지도 않았으니 모르고 살았으면 될 일인데, 사실을 안 이상 마음이 편치 않았다. 몇 달 뒤 정밀검사 후 의사의 소견에 따라 제거수술을 받았다.

정기적인 병원검진을 받는 날 평소와 다름없는 진단과 처방을 받고 엘리베이터 앞에 서 있다. 한참을 망설이던 손이 사층 버튼을 누른다. 이비인후과다. 내과병동에 올 때마다 고민을 했는데 기어이 필요 없다는 진찰을 받기로 했다.

"아~ 해 보세요. 아프세요?"

의사는 손에 작은 랜턴을 들고 머리에 쓴 거울을 통해 내 입안과 코를 들여다본다. 목소리가 잘 나오지 않는다는 나를 물끄러미 쳐다보더니 고개를 갸우뚱한다.

"정상입니다. 이상이 없습니다."

불만스러운 내 얼굴을 못 보았는지 의사는 빙긋이 웃으며

"사는 데 아무 지장이 없으니 행복하게 사십시오." 한다.

내과와 같은 진단이다. 지난 달 다른 병원에서도 똑같은 진단을 받았었다.

오진이다. 내 몸을 내가 아는데 의사들은 왜 자꾸 틀린 답을 내놓는지 모르겠다. 숨이 가쁘고 높은 소리가 나오지 않는데 괜찮다니 그들은 나의 고통을 알지 못한다. 의사라 해서 자기 몸이 아닌데 어찌 속속들이 남의 몸을 알 수 있겠는가. 그들은 다 같은 편이다. 오늘도 내게 일어난 일의 억울함에서 벗어나지 못하고 불신과 서글픔이 교차하는 마음은 지옥이다.

병원을 찾는 환자들은 그곳에서 자신의 병을 분명히 고쳐줄 것이란 맹목적인 기대를 갖는다. 나 역시 그런 생각이었다. 나쁜 곳을 수술만 하면 정상적인 몸이 된다는 의사의 말을 믿고 그들에게 몸을 맡겼었다. 그런데 목소리가 예전처럼 나오지 않아 큰 소리로 이야기하는 것도 노래를 부르는 일도 불가능해졌다. 목소리하고는 아무 상관이 없는 수술을 했는데 왜 이런 결과를 낳았는지 의사는 매번 지켜보자는 말뿐 뾰족한 처방이 없다.

수술 후유증이다. 사람마다 다르게 나타나는 것이라 한다. 아무런 이상이 없는데 목소리가 안 되는 것이 의심스러워 이비인후과를 찾았던 것인데, 그곳에서도 별다른 이상을 발견하지 못했다. 참으로 이해되지 않는 일이다.

이른 아침 가족들의 이름을 차례로 부르고 또 불러본다. 짜증스럽게 나를 올려다보는 얼굴에 눈을 맞춘다. 멀뚱히 서서 반응을 기다리는 나의 심정을 그들은 알 리 없다. 어쩌면 갑자기 목소리가 조용해진 엄마가 고와보일지도 모른다. 다시 방문을 닫아걸고 심호흡을 해 본다. 도, 레, 미, 파, 솔~~ 여기까지다. 자꾸 연습하다 보면 솔~ 다음에 라~를 소리 낼 수 있을까.

2007. 5.

비운다는 것은

딸에게 새로운 부모님이 생겼다. 내 아이를 어여삐 보신다는 그분들은 훗날 사돈이라 부르게 될 인연이니 자식을 나눠 갖게 될 사이이다.

"엄마! 어머니께서 옷 사 주셨어."

"그래! 고마운 일이구나."

과묵하던 아이가 그분들의 이야기를 들려 줄 때면 수다스러워지는 것이 예전과 달라졌다. 상기된 목소리로 어머님과의 하루를 들려준다. 그분의 자상함이 엄마와 비교되었고, 함께 하는 공감대가 있어 즐거웠단다. 뵙게 된 지 얼마나 되었다고 무뚝뚝한 아이가 상냥하고 적극적인 사람으로 바뀌었다. 그런 딸을 바라보면서 몇십 년을 함께 산 어미와는 좋은 기억이 별로 없을 것이라는 생각이 드는 건 괜한 자격지심인가. 문득 이 상황이 당황스럽다.

아이가 결혼을 전제로 만나는 사람이 있다는 소식을 들었을 때, 반가움보다는 서운함이 앞섰던 것은 어쩔 수 없는 부모 마음이었다. 어리게만 보이는 아이가 결혼할 나이가 되었다는 것이 받아들이기 힘든 부분이었다면, 세월은 나를 어김없는 친정어머니의 나이로 올려놓았다.

아이는 대학시절 미팅 한번 제대로 하지 않더니 졸업 후 만난 남자 친구랑 좋은 관계를 유지하는 것 같았다. 객지에 나가 있는 관계로 손님처럼 집에 다니러 오는데 나와 마주하는 시간이면 그 친구 얘기가 잦아졌다. 처음엔 장난처럼 듣던 것이 시간이 흐르고 차차 아이의 말이 흥미로워지면서 진지하게 받아들이게 되었다.

그 친구를 데려왔을 때, 내 맘에 썩 흡족치 않았다. 순한 인상이 나쁘지 않았지만 처음 만나는 자리가 어려워서인지, 안절부절못하는 모습이 내가 생각했던 남자다운 의젓함은 볼 수 없었다. 착하기만 하다고 다 좋을 수 없는 세상에 험한 세파를 어찌 헤쳐 나갈까 염려도 되었다. 그러나 남의 귀한 자식을 함부로 평가해서 내칠 수 없는 일이고, 부모라고 해서 성인이 다 된 자식에게 내 생각만을 강요할 수 없으니 나는 그들의 관계를 말릴 수 없었다.

지인의 자제가 결혼하는 날 예식장 입구에 대형 스크린에 그려진 주인공의 사진이 걸려 있다. 영화배우를 무색케 할 만큼 곱고 화려한 모습이다. 식이 시작되고 아버지의 손을 잡고 들어서는 신부는 사진으로 보던 것보다 훨씬 더 화사하다. 아쉬움과 기쁨이 교차하는 새색시의 부끄러운 얼굴을 상상했던가. 나는 당당하고 씩씩해 보이는 신부의 모습이 옛날과 달라진 것에 놀라고 있었다.

그동안 나는 결혼식에 직접 참석하는 일에 인색했다. 결혼이란 의식이 매번 휴일에 치러지는 것이라서 내 나름 짜인 일상을 흐트러뜨리는 게 싫었기 때문이다. 그러나 요즘 들어 부쩍 그 일에 관심을 갖게 되었으니 나의 이기심을 들켜버린 이 자리가 미안하고 부자연스럽다. 뒤통수가 부끄럽지만 모처럼 참석했으니 내친김에 주례선생님의 말씀에도 귀를 기울인다.

오늘의 주례사는 며칠 전 세상을 떠들썩하게 했던 어느 유명인의 혼수문제에 초점이 맞춰졌다. 파국에 이를 수 있는 사돈 간의 상대성 입장을 설명하면서 서로의 이해가 무엇보다 중요하다는 말씀이다. 나의 마음속을 꿰뚫어보는 듯 참으로 시의적절한 비유이다.

남의 결혼식에 와서 내 아이를 생각한다. 딸을 낳았을 때, 기쁨보다는 서글펐던 기억이 먼저 떠오르는 것은 털어내지 못하는 내 성격 탓이다. 전통적인 남아선호사상이 당연시 되던 시절, 아이가 자라면서 겪어야 했던 마음고생을 내가 대신해 줄 수 없기에 안타까웠다. 아들로 태어나지 못해서 푸대접을 받았다고 생각하는 아이. 그 마음속 깊이 자리한 상처는 내가 짐작한 것보다 더한 것이어서 미안하기도하다. 결혼하면 꼭 아들만 낳겠다는 웃지 못할 다짐으로 종종 내 마음을 아프게 했던 일도 이제 다 지난 일이다.

우리 때는 아들 가진 부모의 위세가 대단했다. 내가 종갓집 맏며느리로서 딸을 낳아 서러운 세월을 살았다면 딸 가진 어머니 또한 죄인이었던 시절이었다. 내 어머니는 내가 딸을 낳았을 때 자식의 입장이 대물림될 것을 미리 짐작하여 서글퍼 하셨다.

사돈댁은 아들만 둘을 두었다니 참 복도 많으신 분들이다. 내가 가장 부러워했던 부분이지 않은가. 그런데도 내 아이를 어여삐 보시고 딸을 얻어 기쁘다 하시니 여간 감사한 일이 아니다. 상견례 자리에서 이제는 딸 가진 부모가 당당하게 대접받는 세상이 되었다며 한껏 우리 부부를 추켜세워 주시지 않았던가. 내 지나온 날을 생각하면 격세지감을 느끼게 하는 자리였다.

예비사위와 딸이 나란히 앉아 있는 모습이 보기 좋다. 사람이 매사에 긍정적인 사고를 가져야 한다더니 그 말이 맞는가 보다. 자주 만나 보니 그의 마른 체구도 시대에 딱 맞는 것이라 생각되어 좋다. 말수 없이 차분한 성격도 되바라진 자신감으로 나대는 것보다 진중해 보여서 믿음직스럽다. 우리 아이의 모든 점을 예쁘게 봐 주겠다는 그 마음도 고맙지 않은가. 그의 조용하고 자상한 성격이 내 아이의 급하고 무심한 성격을 감싸 안을 것이라는 확신으로 그동안 가졌던 불만은 차츰 치유되고 있다.

나이를 먹는다는 건 그만큼의 책임과 지혜를 동반하는 것인가 보다. 자식이 내 곁을 떠난다는 것이 기정사실화되고부터 그것에 대한 부담 때문인지 며칠째 마음고생을 하고 있다. 그러나 마음을 바꿔 돌아보니 고개가 끄떡여지는 어머니의 말씀이 있었다. 모든 걸 비우라신다. 욕심을 버리고 마음을 비우면 된다는 것이다.

그랬다. 내 마음이 문제였다. 급히 전화기를 들고 그동안 마음고생했을 아이에게 축복의 메시지를 전한다. 건강하게 잘 자라 주어 고맙고, 나는 부모로서 이 결혼의 성스러운 절차에 모든 수고를 기쁘게 감수하겠다는 다짐을 한다.

2007. 1. 20.

올드 앤 스토리

"전화 잘못 거셨습니다."

자정이 가까운 시간 걸려온 전화를 따돌렸다. 잠시 후 다시 전화벨이 울렸고 수화기를 통해 상대방의 술 취한 목소리를 확인한 순간 나는 전화기의 배터리를 뽑아버렸다.

사흘 전 일이다. 그는 문자 메시지를 보낸 상대방을 찾고 있었다. 내 목소리를 듣고 알 것 같아서인지 다시 확인 전화를 한 모양인데 그렇게 끊어버렸다. 이 나이에 내외를 하는 것도 아니고 서운했을 친구를 생각하니 마음이 편치 않다. 밤새 그 일이 마음에 걸려 잠을 설친 다음날 나는 컴퓨터 앞에 앉아 다시 메시지를 입력한다.

'어제는 미안했어. 너무 늦은 시간이라 당황해서 그만…….'

답장이 없다.

김홍. 그의 성은 김이고 이름은 홍이다. 그 시절엔 영기, 인호 하여 두 글자로 이름을 짓는 것이 보통이어서 우리는 그의 외자 이름이 신기해 '홍아, 홍아.' 하고 불러 보았던 기억이 있다.

하얀 피부와 말끔한 옷차림이 우리와 달랐던 아이. 또래의 친구들이 방과 후 해 질 녘까지 마음껏 뛰어놀 수 있는 것과 달리 가정교사의 지도를 받는 특별한 아이였다. 어린 소견으로도 그 애와 우리는 모든 것이 다르다는 생각을 했었지 싶다.

그때를 생각하면 별로 유쾌한 일이 없다. 동네 끝 후미진 곳에 있던 우리 집은 학교에서 돌아오는 길이 멀어 넓은 들을 가로질러 뛰어야 했다. 친구들은 삼삼오오 짝을 지어 여유로운 귀가를 즐겼지만 나는 몸이 약한 어머니를 도와야 했으므로 항상 바쁜 걸음을 재촉했다. 친구들과 함께하지 못하고 혼자 가는 길. 아버지는 길에서 만나는 어른들께 인사를 잘하라 강조하셨다. 말씀대로 인사를 하자면 수십 번 머리를 조아려야 했는데 어떤 어르신은 나를 세워놓고 장시간 덕담을 하시곤 했다.

그 지루한 길거리 학습이 끝이 날 기미를 보이지 않을 때 나를 구해 주시는 분이 그 애 아버지였다. 멀리서 보고 계시다 다가와서는 빨리 집에 가보라며 머리를 쓰다듬어 주시던 아랫집 아저씨. 아저씨의 부드러운 미소가 있어 싫지 않았던 하굣길, 그분은 친구의 아버지였다.

나와는 다른 환경의 그 아이를 부러움과 동경으로 바라보던 시절. 그의 특별함 뒤에는 측은함이 있었다. 그것은 상대의 기분은 아랑곳

없이 마음 내키는 대로 말과 행동을 해서 남에게 상처를 주는 어머니 때문이었다.

붉은 립스틱이 잘 어울리는 그의 어머니는 훤칠한 키에 돋보이는 미모를 지닌 분이었다. 가정집 부인이 분을 바르는 일이 여의치 않던 시절. 고급 화장품을 가지고 색조화장을 하는 사람이었다. 내 어머니도 시집올 때 가져온 립스틱이 하나 있었는데 그것은 장롱 깊숙이 간직하여 우리에게 자랑만 할 뿐 바르는 일은 없었다. 많은 것을 가졌기에 자신감이 넘치는 그 여인에게 세상에 안 되는 일은 없었다.

보잘것없는 이웃집 아이, 그것도 여자아이에게 선두를 내줘서는 안 된다며 아들을 닦달하는 그 애 어머니 목소리가 자주 우리 집 담을 넘어왔다. 그것으로도 모자라 하굣길에 골목을 막아서서는 내 가방검사를 하였다.

"이거 네가 한 거니? 네 시험지 맞아?"

네~ 하는 대답을 믿을 수 없다는 표정으로 땅바닥에 펼쳐진 책보자기를 들여다보았다. 주위의 시선은 무시한 채 자기 마음대로 남의 자식에게 함부로 대하는 그분에게 불쾌함을 내색하지 못했다. 그것은 어떤 경우에도 어른에게 공손해야 한다는 부모님의 가르침 때문이었다. 그때마다 아저씨가 달려와 말리지 않았다면 그 우스꽝스런 검사가 길어져 내 어머니의 마음을 다치게 했을 것이다. 부인을 데리고 돌아가는 아저씨의 뒷모습을 보며 우리 모녀는 서로의 눈을 맞추는 것으로 몇 번이나 위기를 넘겼다. 달라지지 않는 아내를 안타깝게 바라보던 아저씨. 그분들을 보면서 부부 일심동체一心同體란 말에 의문을 갖게 되었고, 그렇게 서로 다른 인격체가 한 집에 살 수도 있다는 것도 알게 되었다.

사십 년 전 일이다. 이제 추억이라하기에도 까마득히 먼 이야기이다. 종종 매스컴에서 열정적이고 맹목적인 어느 부모의 자녀교육을 접할 때면 시대를 앞서갔던 그 애 어머니가 떠올라 웃음 짓곤 했던 지난 날. 그때 어머니의 특별 관리를 받았던 귀공자께서는 지금 무엇이 되어 살고 있을까 궁금했었다.

초등학교 동창이란 가장 허물없는 사이라 한다. 나는 동창회 총무가 오랜 시간 나를 찾았다는 연락을 받고 참으로 행복했다. 기억해주는 그들이 고마웠고 건강한 모습으로 다시 만날 수 있다는 것에 감사했다.

몇 차례 술잔이 돌았지만 정신은 멀쩡하다. 찌개가 졸아드는 것도 모르고 친구들은 어린 시절 이야기가 한창이다. 나는 그들과 융화되지 못한 채 중년의 신사가 되어 내 앞에 앉아 있는 아랫집 아이를 보고 있다. 그 온화한 미소까지 그때의 아버지를 쏙 빼닮아서, 세월이 사람을 더욱 멋있는 모습으로 변화시킬 수 있다는 것에 놀라고 있었다.

아버지 모습을 그대로 물려받았으니 그의 삶도 아버지를 닮았을까. 오래전 우연히 접했던 그의 대한 소문이 사실이 아니길 바라는 마음으로 그의 미소 뒤에 숨겨진 그늘을 찾아본다.

'만나서 반가웠어. 잘 지내지?'

주제 넘는 참견이었다. 나만 세월을 거꾸로 살았단 말인가. 이제껏 한자리에서 웃고 떠들었으면 되었지 갑자기 그의 삶이 왜 궁금하단 말인가. 집으로 돌아오는 길 쓸데없는 노파심으로 그런 문자를 보내서 일을 그르치고 말았다. 어린 시절 그 정도의 추억이야 모두가 있는 일이지 않은가. 이제 그와의 만남은 다시 요원할 것이라는 불길한 예감이다.

수술 전야

소꿉장난보다는 병원놀이가 재미있었다. 하필 그런 놀이를 하냐며 못마땅해 하시는 부모님을 피해 두 분이 안 계실 때 하는 놀이였다. 공평한 배역을 정하기 위한 의식은 가위 바위 보다. 이긴 사람이 의사가 되는 것이다.

삼남매의 비밀놀이다. 배가 아픈 환자가 누워 있는 병실에 의사가 들어온다. 그의 손이 환자의 배를 쓸어내리자 찌푸린 얼굴이 금시 환한 미소를 짓는다. 다리를 다쳐 누워있던 사람도 의사의 손이 스치는 순간 벌떡 일어나 걸어 나간다. 과연 신비의 손이다.

그때의 믿음은 어른이 되어서도 변하지 않았다. 아이가 밤새 잠 못 들고 보채다가도 병원에만 갔다 오면 언제 그랬냐는 듯 말짱해지지 않던가. 온 가족이 함께 애태웠던 시간들이 의사 앞에서 아무것도 아닌 일이 되었으니 그의 손에 감춰진 엄청난 능력을 인정하기에 충분했다. 그런 맹목적인 믿음은 어머니를 병원에 맡기는 것에 의심의 여지가 없었다. 당연히 그깟 뱃속의 혹쯤이야 현대의술로 아무것도 아니라는 의사의 말을 믿었다. 그러나 그 손은 신이 아닌 사람의 손이었다.

“암이래.”

수술 중인 어머니를 면담하고 나온 동생의 말이었다. 그의 얼굴은 핏기가 사라졌고 차마 하기 싫은 한마디를 던진 채 고개를 들지 못했다. 수술 중이란 전광판에 빨간불이 몇 시간째 바뀌지 않아 조금은 불안했던 우리. 그것은 병원이 주는 약간의 두려움일 뿐 준비 없이 맞게 된 어머니의 위중함은 아니었다. 숨겨져 있던 암세포를 개복한 후에 발견할 수밖에 없었다는 집도 의사의 말은 상상도 해보지 않았다,

어머니는 병원에 들어간 지 삼 개월 만에 우리 곁을 떠났다. 멀쩡했던 사람이 그렇게 허무하게 떠나셨으니 자식들의 충격은 말로 다 할 수 없었다.

건강해야 했다. 아니 건강은 자신 있었다. 그렇게 믿고 살았다. 당연히 이 년에 한 번씩 날아드는 건강진단의뢰서도 나의 관심 밖이었다. 그러던 것이 ‘건강은 건강할 때 지켜야 한다.’는 홍보문자에 이끌려 장난처럼 받아본 검사가 문제였다. 아무렇지 않은 사람에게 이차검진을 받으란다.

어머니에 대한 기억이 새롭게 떠오르면서 병원에 가지 않겠다는

나와 가족들의 마찰이 며칠째 계속되고 있다. 남편이 대신 받아놓은 수술날짜를 짚어가며 아이들까지 동원하여 나를 설득하느라 진을 빼고 있다.

병원에 대한 불신은 어머니를 보내고 난 다음부터다. 그곳에 다시는 가지 않겠다고 다짐했지 않은가. 고집을 부려보지만 그 길 말고는 다른 길이 없다는 것이 화가 났다.

온 종일 컴퓨터 앞에 앉아 인터넷에 오른 병원사이트를 차례로 순례하고 있다. 어제와 같은 내용을 읽고 또 읽고 이제 통째로 외울 수 있을 것만 같다. 오늘은 한방병원사이트에 들어가 치료에 좋다는 민간요법을 눈여겨보지만 그 또한 솔깃한 내용은 없다. 특별히 몸이 달라진 것이 없는데 어째서 수술을 요하는 병에 걸렸다는 것인지 도저히 납득되지 않는 의사의 진단에 다른 방법은 없다.

가족들을 다 돌려보낸 병실에 혼자 남았다. 이런저런 생각도 정리할 겸 그리했는데 낯선 곳에 버려진 듯 외로움이 밀려온다. 옆 사람에게 방해될까 무음으로 돌려놓은 전화기는 쉴 새 없이 번쩍이고, 밤이 깊어질수록 공포감에 싸여 잠은 이룰 수 없다.

전화는 받지 않았다. 나를 걱정하여 전화기를 들었을 지인들의 호의인 줄 알면서도 모두 외면해 버렸다. 식사대접을 거절했고 찾아오겠다는 성의도 묵살했다. 다 알면서도 내 마음이 편치 않아 이기적인 사람이 되었다.

스트레스로 인해 발생될 수 있는 질병이라는 의사의 진단을 받는 순간, 처음 떠오른 건 남편의 얼굴이었다. 나에게 가장 많은 스트레스를 주었던 사람. 그로 인해 병에 걸린 것이라는 결론을 내리고 원망의 화살을 쏘아댔다. 그의 표정 하나 말투 하나에도 꼬투리를 잡아 공격을 했다. 걷잡을 수 없는 가슴속 소용돌이를 감당하지 못한 채 심한 말로 그의 인내심을 시험해 보았다. 몰라보게 수척해진 남편의 얼굴은 지난 몇 달 동안의 마음고생을 설명하고 있었다.

우리 부부에게 이번 어려움은 처음이다. 아이들도 지금껏 별 탈 없이 잘 자라 주었고 부부가 함께 건강했던 것은 더할 수 없는 축복이었다. 그런데 갑자기 닥친 시련에 생활의 리듬과 질서가 깨지는 건 물론이고 그 충격은 서로에게 상처가 되었다.

현명하게 대처하지 못했다. 더한 불행에 비하면 그만하길 다행이라 감사해야 했지만 당황한 나머지 지혜롭지 못했다. 병이 난 건 내 탓인데 공연히 가족들에게 말도 안 되는 억지를 부려 마음을 아프게 하지 않았던가.

마음이 바쁘다. 이 밤 누군가 나의 기도를 들어준다면 다시 일상으로 돌아갈 수 있게 해 달라고 간절히 빌어본다.

2005. 10. 10.

드라마처럼

드라마는 끝났다. 몇 달을 행복하게 살았는데 이제 무슨 재미로 사나. 아쉬움을 떨쳐내지 못하고 텔레비전을 응시한다.

아무래도 예전으로 돌아가기 쉽지 않을 것 같다. 할 일도 없다. 마음이 딴 데 있으니 새로 시작한 드라마가 눈에 들어올 리도 없다. 아이들은 이 드라마가 대한민국 남자들 눈만 높여 놓았다고 샐쭉거리지만, 나는 드라마에 빠져 산 시간을 나만의 추억으로 간직하고 싶다. 하루에도 몇 번씩 감정의 변화를 겪었던 시간, 혼자 웃는 날도 가슴 아팠던 기억도 누가 알까 들키지 않으려는 노력도 즐거움이었다. 부인하려 해도 새삼 바보상자의 위력에 놀랄 수밖에 없다.

두 젊은이의 사랑이 가슴 절절하여 지켜보는 이들의 마음을 빼앗은 지 오래이다. 그들의 사랑을 보며 때론 안타깝고 불안했던 시간이었다. 서로 다른 환경에서 자란 두 사람의 만남이 우연일 수 없다는 메시지가 의미 있었고, 그들을 믿고 지켜보는 어른들의 모습이 감명 깊었다. 어른노릇 부모노릇이 쉽지 않다는 교훈을 주는 드라마였음이 분명하다.

그들의 진실한 사랑이 고난을 이겨내고 승화되는 것을 보면서 내가 주인공이 된 것처럼 기뻤다. 그 젊음과 싱그러움은 나를 소녀적으로 되돌려 놓았고, 단어 하나 표정 하나까지 놓치지 않으려 드라마 속으로 빠져드는 시간은 행복했다. 매일 밤 녹화된 테이프를 되돌려 보면서 감동에 젖어 보내는 일상이 반복되는 이 사태에 대해 가족들의 반응도 흥미롭다. 아이들은 잠을 설치며까지 드라마에 열중인 엄마가 웃겨 죽겠다는 표정이고, 남편은 무슨 짓이냐고 핀잔을 한다. 내 그럴 줄 알았다. 무드라고는 눈 씻고 찾아봐도 없는 양반 내 평생 후회되는 게 있다면 드라마처럼 애절한 사랑을 해 보지 못한 것이다.

– 전화 받을 수 있어.

전화기에 문자를 새겨놓고 들여다본다. 오전 10시 30분. 이 시간에 전화하는 건 너무 빠르지 않나. 그의 직업상 지금은 부인이 옆에 있을지도 모르니 입장이 곤란할 거야. 그렇겠지. 다시 전화기를 내려놓는다. 며칠째 이 짓을 하고 있다. 그의 이름이 이제야 생각났다는 걸 말해야 하는데 용기가 나지 않는다.

그의 이름은 김영호다. 장터로 가는 길목 빨래터가 보이는 첫 번째 동네에 그의 집이 있었다. 나는 장날이면 엄마 손을 잡고 아버지를 만나러 가곤 했는데 그런 날이면 그 아이의 집을 지나야 했다. 우리 모녀를 수돗가 옆에 숨어 몰래 바라보던 아이, 나와 눈이 마주치면 빨개진 얼굴로 집안으로 도망치던 아버지 친구의 아들이다. 그분은 아내를 잃고 어머니의 도움을 받아 홀로 자식을 키우며 사셨다. 그 어른이 나를 예뻐해 주셨다는 거, 우리를 놓고 장래를 약속하셨던 일을 기억해 냈다는 걸 말하고 싶었다. 왜 그 말을 해야 하는지, 꼭 한번은 내가 먼저 전화를 해야 된다는 책임감 같은 것이 나를 불편하게 했다.

지난 일요일 어머니 산소에 다녀오는 길에 우연히 그 친구를 만났다. 그는 지금껏 고향을 떠나지 않고 그때의 동무들과 우정의 끈을 놓지 않고 살고 있었다. 해마다 동창모임 때면 내 얼굴을 볼 수 있을까 기대하였고, 여러 경로로 다리를 놓아 나를 찾았다는 친구. 고향 지킴이인 그가 세월이 무색하리만큼 친근한 화술로 옛날이야기를 들려준다.

항상 나와 비교되는 성적 때문에 아버지께 꾸지람을 들었단다. 그것이 두려워 어느 날 성적표 석차를 고쳤다가 죽을 만큼 매를 맞았다는 이야기를 호탕한 웃음으로 털어놓는다. 그 친구에게 공부 잘하고 얌전했던 아이로 기억되는 나. 그냥 흘려버렸던 그 말이 문득 가슴을 설레게 하는 건 무슨 연유일까. 너의 기억만큼은 아니라도 나도 궁금한 것이 많다는 말을 하고 싶었는데 하지 못했다.

그 후 가끔씩 걸려오는 친구의 일상적인 안부전화가 부담스러웠을까. 우리는 이제 아이가 아니라 어른이 되었다는 것이 마음에 걸려 스스럼없는 친구로 대할 수 없었다. 설마 그 아이가 이제 와서 옛날 부모님들의 약속을 들고 나올 리 없고, 아직도 나에 대한 감정이 그대로가 아닐 텐데 나 홀로 그런 착각을 했다면 남들이 웃을 것이다.

화가 난다. 나는 왜 그렇게 답답하게 살았을까. 가슴에 담아놓고 풀어내지 못하는 삶이 착한 딸로 살아야 하는 운명이라도 된단 말인가. 평생 가슴속 응어리로 남아 있는 공부에 대한 열망도, 절대 포기하지 말았어야 할 학업의 중단도 이제 와서 후회가 되는 것은 무슨 까닭인지 모르겠다.

어릴 적 꿈을 다 이루고 사는 사람이 몇이나 되겠는가. 어디 삶이 그리 녹록하던가 말이다. 세월을 되돌릴 수 없다면 앞으로도 그렇게 살면 되는 것이지 갑자기 문제를 만드는 것은 소용없는 일이다. 드라마 때문이다. 이제 와서 지난 세월이 왜 억울하다는 것인지, 아마도 식구들이 다 빠져나간 빈 공간의 허허로움이 드라마 속 여인이라도 닮고 싶었던 모양이다.

2009. 7.

전입신고

동사무소 앞에서 양산을 접는다. 웬만한 서류는 인터넷으로 발급이 가능한 세상이니 이곳에 걸음할 일이 거의 없었다. 무엇보다 이곳은 편안한 곳이 아니라는 선입견에 오랜만에 와 보는 곳이다.

잘못 기재한 서류를 다시 작성하라는 직원의 말에 주눅이 들었던 적이 있다. 면전에서 당하는 핀잔이 얼마나 부끄럽고 창피하던지 지워지지 않는 기억이다.

첫아이 출생신고를 하러 갔을 때 일이다. 부모님이 지어준 이름으로 출생신고를 해야 하는데 한문 획이 어찌나 복잡하던지 글씨를 쓰기보다는 빈칸에 그려 넣었다는 게 맞는 표현이었다. 서류를 받아든 직원이 나를 올려다보고 묻는다.

"이수변인가요?"

아차 삼수변이던가. 당황한 내 얼굴은 이미 붉어져 있었다. 설명이 시원찮은 나를 향한 직원의 묘한 웃음이 여러 가지 뜻을 담고 있다. 그는 상기된 얼굴로 더듬더듬 대답하는 나를 버려둔 채 옥편을 뒤지고 있었다. 일을 보러온 모든 사람들이 나를 쳐다보는 것 같았던 그날, 책장 넘어가는 소리가 내 심장 소리만큼이나 컸다.

정말 그것뿐이었을까. 그날의 망신이 두고두고 나를 주눅 들게 했던 건 맞지만 마음속에 해결되지 않은 짐이 있어 망설인 건 아니었을까. 절대로 오늘을 넘겨서는 안 된다는 긴박감에 발걸음을 재촉했다.

아버님의 주민등록증을 꺼내놓고 빈칸을 채운다. 사진 속 얼굴이 금방이라도 내게 화를 낼 것 같은 날카로운 표정이다. 쳐다보는 눈빛이 얼마나 무서운지 떨쳐낼 수 없는 힘을 느낀다. 자신에게 진정할 것을 주문한 뒤 숫자와 이름을 빠르게 적어 넣고 주민증을 가방 속에 집어넣었다. 사진 속 얼굴을 지우려 심호흡을 크게 하고 애써 태연한 척 가장해 보지만, 속마음은 숨길 수 없다.

정리를 해 본다. 그분은 나의 아버님이시다. 한 번도 나를 어여삐 봐 주지 않았던 분. 그분이 나의 도움을 필요로 할 수밖에 없는 처지가 되었다. 어머님이 돌아가시고 홀로 계신 지 몇 달이 지나는 동안 고향 집으로 병원으로 거처를 옮겨 다니는 수모를 겪으셨다. 그런 사이 형제간의 우애도 끊어놓았고 경제적 손실도 발생하였다. 결국 그분의 모든 것을 책임져야 하는 맏이의 자리에 내가 서 있다.

젊었을 때는 나만 손해 보는 삶이 억울하다는 생각을 했었다. 부모님 대신 집안일을 봐야 할 때 시골에 가는 일이 죽기보다 싫었다. 아무도 없는 빈집에 들어설 때 머리끝이 쭈뼛 서는 오싹함은 항상 이번으로 마지막이길 바랐다.

우리는 그곳을 시골집이라 부른다. 장남으로서 부모님께서 오래 전부터 살고 계시던 집터를 사 드렸고, 헌 집을 개축하는 데 상당한 비용을 부담하였다. 당연히 시골집은 우리 집이 될 것이다. 그렇게 믿었던 일이 어머님 타계 후 다르게 판단되는 일이 벌어졌다. 마음속으로 결정된 것이었고 순리라 믿었던 일이 잘못 해석되는 일이 생긴 것이다.

모든 일이 사람의 입장에 따라 달라지는 것인가. 어디서부터 생긴 오해인지 시골집이 장남에게 대물림되는 것이 못마땅한 일이 되었고, 연일 동생들의 아귀 같은 비난이 쏟아졌다. 대비할 틈도 없이 그 일은 순식간에 나를 자격도 힘도 없는 종부로 만들어 놓았다.

아버님은 어린아이가 되었다. 그렇게 기세등등하시던 분이 아무것도 모른 채 형제간의 불화를 보고만 있다. 왜 벌떡 일어나 상황을 정리하시지 않고 작금의 사태를 보고만 계신단 말인가. 평소 내 신세는 절대로 지지 않겠다고 장담하셨지 않은가 말이다.

결혼 후 내내 시골집 마당에 들어설 때면 가슴이 막막하곤 했었다. 그런데 지금의 내 마음은 원망과 후회의 감정이 복합되어 그때의 부대낌과는 다른 것이다. 맏이의 책임과 의무만 남겨진 현실 앞에서 다 내려놓고 도망쳐버릴까 생각했지만 그것도 마음대로 되지 않는다.

더는 미룰 수 없다. 지난 일을 빌미로 피하기만 한다면 비겁하지 않은가. 그분의 몸은 쇠잔하여 병원에 의지해야 하고, 싫어도 나의 보살핌을 받아야 한다.

아버님이 달라졌다. 병원을 찾은 나를 보고 어색한 몸짓으로 기뻐하는 모습이 처음 보는 것이지 않은가. 그것으로 충분하다. 설마 그분의 기억 속에, 내가 아들을 빼앗아간 여인으로만 각인되어 있을까. 꼭 그렇지만은 않다는 것을 나를 쳐다보는 그분의 눈빛이 말하고 있지 않은가.

아버님은 나와 동거인이 되었다. 서류상 가족이 되었음이 정식으로 접수된 것이다. 마음속으로 받아들이기 힘들었던 가족의 의미가 긍정적으로 생각하니 이제야 마무리되었다.

동사무소를 나서며 하늘을 본다. 눈이 부시게 파란하늘을 보는 게 얼마만인지 모르겠다. 먹구름이 비켜간 하늘이 끝없이 펼쳐지고 있지 않은가. 온통 진회색이었던 지난 세월, 여기까지 오는 데 참으로 긴 시간이 필요했다.

2009. 6.

절제되지 않는 것 중의 하나

버스에 오른 아이가 나를 향해 활짝 웃는다. 손을 흔드는 아이에게 숨겨진 마음을 내색하지 못한 채 미소를 지어 보였다.

아이를 좋은 환경에서 키워보겠다는 욕심으로 이사를 결심했던 건 내 실수였다. 자식 교육은 도시에 가서 시켜야 한다는 주위의 부추김이 아니더라도, 무료한 삶에 변화를 주고 싶었던 것이 다른 이유이기도 했다. 그러나 어른만의 생각으로 단행한 이사가 아이에게 상처가 되었음을 알게 되는 데는 긴 시간이 걸리지 않았다.

소풍 날 아이는 시무룩하게 대문을 나선다. 잠을 설치며 들떠 하던 지난 소풍 때와는 달리 축 처진 모습이 당황스럽다. 그러나 오후가 되어 돌아온 아이의 기분은 달라져 있었다. 전에 다니던 학교 친구들이 같은 곳으로 소풍을 왔더란다. 토요일 수업이 끝나면 친구네 가서 하룻밤 자고 오기로 약속했다며 한껏 부풀어 신이 났다.

지금 이 순간 나는 이 아이의 존재만으로도 충분히 행복하다. 아이가 내 곁에 오기까지의 일을 떠올리는 것은 언제나 기분 좋은 추억이기 때문이다.

그날 친구네 백일잔치에 다녀온 남편이 나를 똑바로 보지 못했다. 그가 쉽지 않은 말을 꺼내려 할 때 술의 힘을 빌려서 하는 몸짓이다. 그쯤은 눈치로 알 수 있을 만큼 살아온 터다.

"아들을 낳을 수 있다는데……."

남편이 불쑥 한 말이다. 그거였다. 우리 부부가 오래전부터 가슴 속 깊이 감춰둔 채 금기시했던 낱말이다. 잠들어 있는 두 딸을 내려다보는데 남편을 향한 서운함에 가슴이 터질 것 같다. 눈앞이 캄캄하다. 어려운 살림을 핑계 삼지 않더라도 우린 이미 정부시책에 따라 단산수술을 했지 않은가.

남편은 자기 생각만을 고집하는 이기주의자이다. 그렇게 밤새 오고가는 부부의 논쟁은 서로에게 상처가 되고 있었다. 얼마의 시간이 흘렀을까. 남편의 입에서 복원수술이란 의학용어를 듣게 되었다. 멀뚱히 쳐다보는 내게 남편의 떠듬떠듬한 설득이 시작되었다.

복원수술을 결심했다. 남편의 소원을 들어줄 수 있다면, 아니 아들을 낳을 수 있다면 기꺼이 현대의학의 실험대상이 되기로 했다. 남편은 나의 보호자자격으로 '모든 사실을 받아들이고 문제 삼지 않겠다.'는 서약서에 도장을 찍었다. 그 과정을 멀리서 지켜보고 있는 친정어머니와는 눈을 마주치지 않으려 했다. 그 성공여부는 고사하고 영원히 깨어나지 않을 수 있다는 위험성을 감수해야 한다는 의사의 말에 어머니의 얼굴은 백지장 같다. 그 일이 자식을 말릴 수 없을 만큼 절실한 일이었는지. '그날 처음으로 딸 낳은 걸 후회했노라.' 회상하는 어머니는 그때 이야기를 할 때면 씁쓸한 미소를 짓는다.

아들을 낳았다. 내 옆에 누워 있는 아이의 실체가 거짓이 아니길 간절히 바랐던 그 아침, 눈부신 햇살은 나를 축복해 주고 있었다.

아들은 이제 초등학생이 되었다. 부모와 노는 것보다 친구가 더 좋은 나이에 부모의 뜻대로 이사를 왔고 정들었던 옛 친구를 만나러 간다. 나는 멀어지는 버스를 바라보며 마음속으론 벌써 아이가 돌아올 내일을 기다리고 있었다.

아무것도 할 일이 없는 텅 빈 집안을 서성이고 있다. 내일이면 만날 아이가 눈앞에 어른거려 일손이 잡히지 않는다. 그럴 필요 없다고 고개를 저어보지만 지금의 허전함으로 아이의 존재는 이미 내 마음을 다 차지하고 있음이 증명되었다.

쉽게 잠들 수 없는 밤, 전화벨 소리가 울린 건 그때였다. 벌떡 일어나 앉은 나의 귓전에 겁먹은 아이의 목소리가 들렸다.

"엄마! 친구 집에 손님이 오셔서 자고 갈 수 없대요, 버스는 끊겼다는데 나 어떡해!"

대답 대신 남편의 표정을 살핀다. 늦게 귀가한 남편에게 아이를 친구 집에 보내게 된 사정을 설명하지 못하고 잠자리에 들었던 것이다. 나의 말이 채 끝나기 전에 대문을 나서는 남편을 미처 따라나서지 못했다.

남편은 집안일에 관심이 없는 사람이다. 아이들에 관한 일도 내 몫으로 미루고 남편은 그저 지켜 볼 뿐이었다. 나는 매번 혼자 자식을 키우는 양 생색을 냈었다.

손을 잡고 부자가 나란히 들어선다.

"이 밤중에 아이 하나 재울 데가 없어 쫓아 버려야 할까."

돌아보는 남편의 눈빛이 곱지 않다. 남의 집 사정은 알아보지 않은 채 아이를 보내놓고 돌려보낸 것을 탓하는 나를 나무라는 것이다.

한밤중 아이를 기다리면서 내가 받은 고통만 중요해서 서운한 마음이 되었다. 아이를 바라보는 것만으로 행복하다며 입버릇처럼 말해 왔는데, 그런 나의 행동이 남의 눈살을 찌푸리게 한 것은 아닐까. 잠들어 있는 아이의 머리맡에 놓인 일기장에 '부모님을 가장 화나게 했던 날로 기억 하겠다.'는 문장에 눈길이 멈춘다. 아이는 그렇게 성장하는데 나만 제자리걸음인 이 사태를 어쩌면 좋은가.

2002. 5.

산다는 것은

연일 내리쬐는 폭염에 에어컨 앞에 앉아 있는 것조차 힘들다. 이런 날씨에 낡은 수도관을 교체하는 공사로 도로를 파헤치는 굴삭기의 소음은 나를 짜증스럽게 한다. 이 더위에 일을 하는 사람도 있는데 밖의 소음에 불평을 하는 것은 이기적인 게 분명하다. 그러니 어쩌겠는가. 내 입장에서야 이 더위가 물러간 후에 공사를 진행했으면 하는 바람이 있다.

인부들에게 시원한 물 한잔을 권해보는데 모자 속에 감춰진 얼굴이 아는 얼굴이다. 얼마 전까지 남을 부리던 사람인데 어떻게 이런 일을 하게 되었는지, 다행히 그쪽에서는 나를 기억하지 못하는 것 같았다.

한낮에 벌건 얼굴로 들어선 부부가 찬물을 들이킨다. 햇볕이 잘 드는 방을 구한다는 중년부부. 임대료는 싸야 하고 최소한 열두 자장롱이 들어가야 된다는 게 그들의 요구조건이다. 전에 살던 집의 규모가 있어 살림이 많다는 것도 덧붙였다.

경제가 어려우니 부쩍 이런 손님이 많아졌다. 옛날에 이렇게 살았노라 자신의 처지를 설명하는 고객 앞에서, 들키지 않게 마음을 단속하는 것은 내 몫이다. 보나마나 온종일 부동산중개사무소를 돌아다녔을 것이다. 가진 돈은 생각지 않고 넓고 환한 방을 고집하는 것은 이치에 맞지 않는 주문이다. 세상에 그런 집은 없기 때문이다.

부부에게 옛날 일은 잊고 눈높이를 낮추라고 설득해야 하는 것은 내가 할 일이다. 그들의 기분을 상하지 않게 설명을 해야 하는데 입장이 다르니 대화가 되지 않는다. 그들을 이해한다고 머릿속으론 다짐하면서도 말이 곱게 나오지 않는다.

나는 그게 문제이다. 속으로 삭히는 것은 할 수 있으나 아닌 척 내색하지 않고 친절하게 말하는 것이 어렵다. 딴에 조심스럽게 말을 아꼈는데도 그들은 내 표정에서 속마음을 읽었는지 인사도 없이 나가버렸다.

점심시간의 음식점 풍경은 활기차다. 자리를 안내하는 종업원의 미소가 부담스럽고, 왁자하게 몰려와서 식사를 하는 모습이 낯설게 느껴지는 것은 내 기분 탓이다. 우두커니 앉아있는 내게 친구는 맛있는 음식을 먹으면 기분전환이 될 거라며 메뉴판을 들이댄다.

딴생각을 하면서 먹는 밥은 제대로 맛을 알지 못한다. 친구의 이야기는 듣는 둥 마는 둥 아까 다녀간 부부의 알 수 없는 행동이 마음에 걸려 식사는 맛없이 끝났다. '주방에 잠깐 들러 가세요.'라는 메모지를 건네받은 건 그때였다.

주방 앞에서 서성이는데 다가온 사람은 아까 그 여인이다. 알 수 없는 일이다. 방금 전 쫓기듯이 사무실을 나갔던 사람이 하필 지금 이런 장소에서 아는 체하는 건 무슨 의미인가. 순간 온갖 생각이 스쳐지나간다.

사업을 하는 남편에게 안 좋은 일이 생겼고, 그 충격으로 건강까지 나빠진 남편을 설득하여 어렵게 한 나들이였다. 서둘러 나왔지만 걸음이 온전치 못한 남편을 데리고 다니자니 시간이 넉넉지 못했을 것이다. 고개를 끄덕이는 내게 그녀는 아까는 미안했다며 사과를 했다.

그동안 남편의 그늘에서 편안하게 살았을 것이란 짐작은 풍기는 분위기로 알 수 있었다. 더 이상 경제활동을 할 수 없는 남편을 대신하는 것이 받아들이기 힘들었을 것이고, 갈 곳이 없어 시어른께 손을 벌려야하는 것은 현실이었다.

하필 사정을 털어놓아야하는 상대가 같은 또래라서 자존심이 상했다는 고백은 진심일 것이다. 진즉 자기 관리를 못하고 집안에만 안주했던 것도 후회가 되었을 것이다. 돈에 맞게 눈높이를 낮춰야 한다는 것은 알고 있지만, 반복해서 설명을 듣는 건 비참한 일이다. 내가 직업에 충실했던 것이라 해도 그녀로서는 화가 날 수 있는 일이었다.

말하지 않았다고 내 속을 숨길 수 있었을까. 매일 같은 일을 반복하다 보니 얼굴 표정이나 차림새로 고객의 사정을 알 수 있다는 자신감이 있었다. 뽀얗게 분 바른 얼굴에 고급 원피스로 성장을 한 그녀의 차림새가 못마땅했다. 지금의 처지를 직시하지 못하는 어리석음도 나이에 어울리지 않는다고 꾸짖고 싶었다. 그 선입견 때문에 진심으로 사람을 대하지 못하고 성의 없는 태도를 보였을 것이다.

좀 더 친절했더라면 좋았을 걸 그랬다. 남에게 듣기 좋은 말을 못한다는 것이 자랑은 아니지 않은가. 다시 만나고 싶지 않았을 나를 불러 세워 자신의 이야기를 들려준 여인의 용기는, 나를 돌아보게 하는 시간이 되었다. 나라면 어땠을까.

2010. 8.

■ 작품평설

자아의 성城 쌓기와 성주城主 노릇하기

–박은희 수필집 ≪비운다는 것은≫에 부쳐서

강 돈 묵 (거제대학교 교수, 문학박사)

1. 들어가면서

어차피 수필이 비전환적 표현을 추구한다면 굳이 허구를 끌어다 댈 필요가 있겠는가. 물론 작가에 따라서 그 대처방법은 다를 수 있겠으나, 작가 박은희에 있어서는 철저한 비전환적 입장을 고집하고 있다. 어찌 보면 상상의 세계마저 내려놓은 듯한 인상을 받을 정도로 빗장을 걸어놓고 수필을 쓰는 작가다.

다시 말해 작가 박은희의 수필세계는 작가의 삶에서 건져낸 소재를 놓고 딴청을 부리거나, 그것에 가식의 덧칠을 하는 예가 전혀 없다. 그만큼 진솔한 세계의 기술이라고 단정할 수 있다. 꾸미고 화장하는 여자의 욕망마저도 버린, 있는 그대로의 자신의 모습을 내걸고 알몸이 되어 독자들 앞에 나서기를 주저치 않는다.

이런 경우의 여류작가에게서는 흔히 볼 수 있는 현상이 있다. 대부분 가정사에서 이야깃거리를 찾아내고 수집한다는 사실이다. 좀 더 확장하면 자신의 체험 속에서 소재를 발굴해 내더라도 다분히 개인적인 한계를 이탈하려 들지 않는다. 그러다 보니 작가는 자신의 삶 속에 튼실한 성城을 쌓고, 그 성을 견고하게 지키려 하며, 더 나아가서는 그 성의 성주城主가 되어 자신의 세계에 변화가 초래되는 것을 온몸으로 막으려 한다.

이런 현상은 가정사를 다루는 작가에게 있어서는 더욱 견고하다. 늘 시선이 자녀들을 비롯한 가족들에 맞춰져 있고, 거기에 자신의 모든 정열을 쏟아 부으려 한다. 또 이런 경우에는 가족에서 이탈하더라도 판단의 기준은 굳이 변할 필요가 없다. 그만큼 자신을 극진히 사랑하고, 자신의 주변을 사랑한다. 사랑의 눈길을 다른 곳에 주기보다는 자신 안에 안주시킴으로써 자신의 존재를 유지하며 정체성 찾기에 나서게 된다. 그만큼 자아의식이 강하다고 말할 수 있다.

그리하여 자신의 내부에 침잠되어 있는 감정들을 철저하게 풀어내어 독자 앞에 내보인다. 내보이고자 의도하기보다는 자신의 안에 응어리진 내적세계를 카타르시스의 과정을 거치게 함으로써 평정심에 이르게 하는 것이다. 이마저 없다면 힘든 여정에 놓이게 되므로 작가는 삶의 한 방편으로 선택한 것이 수필문학일 수도 있다.

2. 자아의 성城 쌓기

앞에서 지적했듯이 이런 작가에게 있어서 자아의식은 누구보다 강하다. 그 세계를 옹호하기 위해 고심하다 보니 자주 내적 갈등도 하게 되고, 후회도 빈번하다. 작은 일에서 큰일에 이르기까지 어느 것이든 작가에게 수월하게 스치는 것이 없기에 노력과 참여를 요구한다. 그래서 작가는 언제나 성城을 쌓게 되고, 그 안에 칩거하여 둥지를 틀게 되는 것이다.

성은 안의 것을 온전히 보호하고, 밖으로부터의 침입을 막기 위해 없어서는 안 되는 담이다. 주인은 커다란 성을 쌓고 이를 관장하는 성주城主가 되길 자청한다. 이들은 자신의 삶에 견고한 성을 갖고 있다 해도 어떤 일에 직면하면 다시 작은 성을 구상한다. 끊임없이 직면해 오는 것들에 유린당하지 않기 위해 성 쌓기 또한 끝없이 실행되고 있는 것이다. 그런 과정은 나 이외의 것이 내 삶터를 넘볼 때에 반드시 요구되는 모습이다.

> 사람들은 나를 보고 무슨 재미로 사냐고 묻는다. 음주가무를 모르니 신명나는 일이 없어 인생이 무미건조할 것이라는 단정이다. 하긴 술과 연관되는 놀이문화가 대부분인 요즘 세태에 적응하지 못하는 나는 보기에 따라 답답하기도 할 것이다. 한두 번도 아니고 매번 그런 소리를 듣다보니 나 역시 그들 대열에 끼지 못하는 위화감에 주눅이 들기도 한다.

색다른 것에 대한 도전에 의욕이 없는 것은 아니다. 더러는 남들 사는 모습이 부러워 심각하게 생각해 본 적이 있다. 그렇지만 선뜻 따라하지 못하는 것은 성격 탓일 수도 있고, 살아온 환경 탓이기도 할 것이다.

다르게 살아보라 충고하는 지인이 있다. 그런데 그게 어디 쉬운 일인가. 매일 먹던 음식을 먹어야 속이 편하고, 매일 보는 사람과 만나는 일상이 편안한 것을. 그렇게 살아온 세월이 이만큼인데 지금부터 다르게 산다는 것이 가능할까.

-〈낯가림〉에서

작가의 내적 심리가 잘 그려진 수필이다. 다른 사람과 잘 어울리지도 못하고, 남들 하는 음주가무도 전혀 불가능한 자신에 대해 가끔은 불만도 가져 본다. 심각하게 고민하고 삶에 변화를 주리라 생각도 해 보지만, 가당치도 않은 일이다. 남들이 무미건조하게 산다고 해도 그곳에서 뛰쳐나올 용기가 없으니 어쩌겠는가. 늘 주눅이 들어 자기 스스로 싫어하면서도 결국은 벗어나지 못하고 그 속에서 성을 쌓고 만다.

여러 사람이 함께하는 대열에 끼지 못하여 답답해 하지만 그도 도리가 없다. 스스로 성격 탓이고, 살아온 환경 탓이라며 성을 쌓고, 그 안에 안주한다. 그 안에서 절규에 가까운 작가의 변명이 가슴을 친다. '그게 어디 쉬운 일인가. 매일 먹던 음식을 먹어야 속이 편하고, 매일 보는 사람과 만나는 일상이 편안한 것을.' 마치 성벽에 내

건 플래카드처럼 독자의 시야에서 펄럭인다. 그의 성은 이렇게 견고하게 쌓여지고 있다.

"그럴 거면 집에 얌전히 계시지 무엇 땜에 왔소."

남자의 말이 귓전을 울리고 주위의 시선은 나를 향하고 있었다. 돌아볼 겨를도 없이 화끈거리는 얼굴로 십여 층 까마득한 계단을 뛰어 내려왔다. 마음속으로 다시는 이런 자리에 오는 일은 없을 것이라 다짐을 하였다.

그때의 다짐이 살아가는 데 마음의 짐이 되었을까. 남에게 보여질 내 모습에 큰 비중을 두고 살았던 것 같다. 다른 사람에게 폐가 되지 않으려면 말을 참아야 했고, 행동은 눈치를 봐야 했다. 아무도 강요하지 않았지만 그날의 외출로 세상을 다 알아버린 듯 마음의 빗장을 걸고 살았다.

남을 의식하지 않고 소신껏 사는 사람을 부러워하면서도 나와는 다른 부류의 삶으로 무관심하기도 했다. 걸어온 길을 후회하기보다는 앞으로의 삶이 중요하기에, 가슴속 원망도 날려 보내야 했다. 나라고 그렇게 답답한 삶을 살고 싶었을까. 그것은 감추어진 마음일뿐 가끔은 잠재되어 있는 꿈을 꺼내보면서 일상으로의 탈출을 꿈꾸며 살았다. 다시 찾아온 저녁, 식사 준비를 위해 싱크대 앞에 선다. 다친 손끝에 물이 닿으니 쏴-한 아픔이 전해진다.

— 〈변명 그리고 위로〉에서

작가 박은희의 경우 성 쌓기는 수시로 이루어진다. 모임에 나가서도, 노래방에 가서도 어울리지 못하고, 구석자리에 앉아 성을 쌓고 있는 것이다. 집에서는 잘도 흥얼거리던 노래가사가 한 구절도 생각나지 않는다.

어찌어찌하여 호텔 나이트클럽에도 가게 된다. 가기 전에는 유명 연예인을 지척에서 바라볼 수 있다는 호기심도 일었고, 흥미 반 조심스러움 반으로 동참했으나, 춤추자는 한 남자의 손길에 질겁하고 만다. 손사래로도 안 되어 마침내 그의 손을 뿌리치고 뛰쳐나오고야 만다. 도망치듯 까마득한 계단을 뛰어 내려오고 있는데 뒤에서 남자의 질타 소리가 들린다. "그럴 거면 집에 얌전히 계시지 무엇 땜에 왔소."

작가의 이러한 행동에는 언제나 '주위의 시선', '화끈거리는 얼굴', '남들에게 보일 자신의 모습', '눈치' 등과 같은 어휘를 재료로 하여 견고한 성을 쌓고 있다. 그러면서도 늘 고민한다. 또 반란도 꿈꾼다. 하지만 한번도 실행하지 못한다. 아무리 답답해도, 아무리 탈출의 꿈을 꾸더라도 그것은 그에게 가당찮은 일이다. 그래서 언제나 다친 손끝에 물이 닿아 아픔만이 전달되고 있는 것이다.

이 성 쌓기는 자신의 세계를 옹립하기 위해 이행되는 경우도 있지만, 더러는 다른 사람의 이런 행위도 놓치지 않고 자기화하는 경향도 있기에 같은 자[尺]를 들이대고 같은 기준 아래 판단하려 한다.

언니를 바꿔달라는 엄마에게 작은딸의 단호한 거절이다. 자기 것을 지키기 위한 노력이 필요 이상으로 집요한 아이다. 남동생이

> 태어나면서 자기 몫을 나눠줘야 한다는 압박감이 사사건건 언니와 동생 사이에서 불이익을 따지고 든다. 때로는 밤늦은 귀가와 대담한 옷차림으로 우리를 긴장시킨 적도 있다. 이번 여행만 해도 그렇다. 방학 동안 이십 일이 넘는 기간을 홀로 배낭여행을 떠나겠다는 것이다. 물론 허락할 리 없는 아빠는 모르게 해야 된단다. 통도 크지. 어떻게 그런 발상을 했을까.…〈중략〉…. 아이들이 나처럼 사는 건 원치 않았다. 무조건 착하기만 하다고 좋은 일인가. 달라진 세상에 잘 적응하는 사람이 되길 바랐다. 그것이 양보할 줄 모르는 이기심으로 발전하는 것만 빼고, 자기 앞가림을 하는 것으로 만족하고 있었다. 그러나 염려했던 일이 벌어지고 있음을 알게 되면서 내 마음은 바빠졌다. 나는 결심했다. 분수에도 맞지 않고 사치일 뿐이라는 외국여행을, 큰애와 작은애를 함께 보내는 것이다. 그들이 둘만의 시간을 가짐으로써 부모의 마음을 알게 되고, 형제간의 우애를 다질 수 있을 것이란 기대가 나의 결정을 부추기고 있었다.
>
> -〈나눠주기〉에서

작가에게는 딸이 둘이다. 큰딸은 자신의 욕심을 가족의 사정을 헤아리면서 잠재우는 형이고, 둘째는 욕심을 채우려는 형이다. 부모의 입장인 작가는 두 아이들에게 똑같이 사랑을 나누어 줌으로써 편안한 가정을 유지하려 한다.

작가에게는 여자라서 참아야 한다는 지난 세월의 아픔이 있다. 집안의 장녀로 태어나 동생들을 건사하며 성장한 세월 속에서 늘 따라다니던 생각이다. 그 인고의 삶을 딸들에게는 넘기고 싶지 않는 작가의 심리가 결국 외국여행을 허락하게 되고 주선하게 된다. 그러나 떠나보내 놓고도 또다시 걱정이다.

작은아이의 욕심에 찬 성 쌓기를 바라보면서 고민하고 갈등한다. 그리고 큰아이를 같이 여행에 동참시키는 것은 안전의 염려도 있겠지만, 둘만의 어울림 속에서 상대의 성도 이해하는 성 쌓기가 되기를 소망하는 뜻도 있다.

이상에서 살펴보았듯이 작가 박은희는 자신의 현재 모습에서 이탈을 시도하지 못하고 자신을 지키고 보호하기 위해 성 쌓기를 수시로 시도한다. 그것은 그에게서는 버리고 싶은 멍에이기도 하지만, 또한 자신을 존재케 하는 울타리이기도 하다. 과거의 삶이 어찌되었든 작가에게 있어서는 이 이상 더 안전하게 의지할 곳은 없는 것이다.

3. 자아의 성 지키기

일단 만들어진 성은 견고히 지켜내야 한다. 그래야 성을 쌓은 소기의 목적은 달성되는 것이다. 성을 구축하고 나면 밖으로부터의 진입에 나름 분별력이 있어야 한다. 받아들일 것과 내칠 것에 대한 확신이 서야 한다. 그리고 분명한 근거가 있어야 한다. 그것은 성주城主의 분별력에 의존하기 마련이다.

또 성은 안으로부터의 이탈을 막아내는 기능도 가지고 있다. 침입만을 막는 것이 성 지키기가 아니고, 안으로부터의 이탈도 막는 것이 온전한 성 지키기이다. 기존의 관념에 변화의 불씨를 붙이길 두려워하는 작가에게 있어 성 지키기는 쌓기 이상으로 중요한 의미를 가지게 된다. 그러나 작가 박은희에게 그것은 의도된 행위라기보다는 습관적 행동인 경우가 더 많다. 몸에 배어 있어 저절로 실행되는 선택인 것이다.

> 동생들 생각은 어떨까. 언니답지 않다고 할 것이다. 무엇보다 기독교신자인 올케는 형님 나이 드시는가 봐요 하며 웃어넘길 것이다. 항상 자신에게 부끄럽지 않게 살라던 형님이 그런 데 의지하려는 것을 이해하지 못할 것이다.
>
> 그래 동생들에게 약한 모습을 보이지 않은 것은 잘한 일이다. 무엇보다 어머니 뜻이 아닐 테니 그 일은 하지 않는 게 좋겠다. 설사 동생들의 마음이 흔들려도 내가 다잡아줘야 하는 것을. 결국 어머니를 찾아 하소연하는 것으로 어수선한 마음은 매듭을 지었다. 어머니께 약속했다. 먼 훗날 어머니 만났을 때 당당할 수 있도록 동생들 간수看守 잘 하겠다고.
>
> -〈정말 그런 게 있을까〉에서

인간이 위기에 처하게 되면 심약해지는 것은 흔히 있는 일이다. 그렇게 생각하지 않다가도 주위에서 그렇게 판단하거나 그런 문제에 깊이 빠져드는 모습을 접하게 되면 자신도 모르게 그 늪에 빠져

들게 된다.

어린 나이에 어머니를 여읜 작가는 가장의 짐을 은연중에 인식한다. 밑의 두 동생이 같은 발병이 났어도 깊이 생각하지 않았는데, 방송에서 죽은 자가 서운함이 있으면 산 자에게 해코지한다는 내용을 접하면서 작가는 흔들리기 시작한다. 동생들을 내 성 안에서 온전히 지켜내야 하기에 갈등은 더 심하다. 그래야 나중에 어머니를 만났을 때, 동생들을 잘 간수했다고 당당해질 수 있다는 판단에서다.

그렇게 자신의 성을 지키면서도 갈등은 꾸준히 이어진다. 후회에 가까운 갈등이다. 부끄럽지 않은 삶을 살라고 동생들에게 이르던 자신의 체면에 흠집이 나면 어쩌나 하는 두려움이다. 긴 갈등 속에서 강한 모습을 견지한 것에 만족해하며 성을 지켜내는 것은 어머니에 대한 신뢰에서 비롯된다.

> 갖고 싶은 것 입고 싶은 것에 대한 투정은 분수에 맞지 않는 공부를 하는 것에 결부시켜 묵살해 버렸다. 새 학기가 시작될 때마다 학부모회의에 참석하지 못하는 엄마를 의젓하게 이해하는 것으로 딸의 마음이 나와 같다고 믿었지 않은가.
>
> 콩쿠르 때 친구들이 부모의 격려를 받으며 무대에 설 때, 내 아이는 언제나 혼자였다. 그 모든 일을 아이에게 짐 지우고 지켜볼 수밖에 없었던 지난날의 아픔은, 미래에 대한 희망으로 상쇄될 수 있을 것이라 확신했다. 표현하지 못했어도 아이가 받았을 상처의

깊이를 알고 있기에 진심으로 엄마를 이해해주길 바랐는데. 엉뚱하게도 마음과는 다른 말이 튀어나와 아이에게 상처를 주고 말았다.

오늘 일로 아이의 가슴속에 쌓여 있는 원망의 마음이 바뀌는 시간은 더 길어질 것이다. 또한 집안사정만을 핑계 삼아 진로를 축복할 수 없었던 부모 입장을 이해하기까지는 세월이 더 흘러야 될 것이다.

아이를 기다린다. 밖은 어두워지고 마음은 초조한데 문자 메시지가 도착했다. '친구 집에 있어.'

휴, 다행이다. 아이는 지금의 내 마음을 알고 있었다.

-〈사랑 확인 중〉에서

〈사랑 확인 중〉에서는 자신의 성 안에서 밖으로 빠져나가려는 딸아이를 지키는 이야기다. 무용을 하겠다고 고집피우는 딸, 어려운 가정에서 무용을 하겠다는 아이의 뒷바라지가 벅차 제대로 돌보지 못하는 어미의 심정을 그렸다. 경제적 어려움으로 아이의 입상 트로피에도 박수를 보내지 못하는 아픔. 그런 아이에게 힘을 실어 줄 수 없는 부모의 입장을 설명하기에도 벅차다. 그러나 무용만 하게 해 주면 어떤 고난도 참아내겠다던 아이가 지금에 와서 부모에게 서운한 점만을 쏟아놓는다. 전혀 기억에도 없는 아이의 불만을 들으면서 어미의 성을 지키기가 힘듦을 기술한다. 부모와 딸 사이의 긴장은 마치 성벽을 사이에 두고 대치해 있는 적병과도 흡사하다. 아이가 퍼붓는 이야기를 들으며 작가는 그렇게 모진 어미였나, 반성도 하고, 또 후회도 한다.

인간은 어차피 후회하는 불행한 존재인가. 물질이 지배하는 현대 사회는 삶이 목표가 아닌 세상이 된 지 오래다. 오로지 수단에 따라 그 가치가 갈린다. 인격 주체로서의 인간이기에 앞서 효용성의 크고 작음에 의해 사람을 판단하는 세상인 것이다. 그러다 보니 삶의 과정은 후회와 좌절과 절망으로 채워지기 마련인가 보다.

끝내는 딸아이에게 '너 같은 딸은 필요 없다.'며 모질게 한마디하고는 이내 후회에 빠지는 작가. 인간은 늘 후회하며 사는 동물임이 확실하다고는 하나, 홧김에 내뱉고는 그것을 쓸어 담지 못해 안달인 작가의 모습이 한편으론 측은하기까지 하다. 좌절과 절망이 짙게 배어나온다.

역시 성을 지키기에는 커다란 힘이 필요하다. 박은희 작가에게 있어서 그 힘은 가족애에서 나온다. 부모로서의 자식에 대한 사랑, 가족 구성원으로서 배려하는 마음. 비록 어미와 딸 사이에 모진 말을 주고받았어도 서로 걱정하는 마음이 있기에 그 성은 온전히 지켜지고 있다.

> 예비사위와 딸이 나란히 앉아 있는 모습이 보기 좋다. 사람이 매사에 긍정적인 사고를 가져야 한다더니 그 말이 맞는가 보다. 자주 만나보니 그의 마른 체구도 시대에 딱 맞는 것이라 생각되어

좋다. 말수 없이 차분한 성격도 되바라진 자신감으로 나대는 것보다 진중해 보여서 믿음직스럽다. 우리 아이의 모든 점을 예쁘게 봐 주겠다는 그 마음도 고맙지 않은가. 그의 조용하고 자상한 성격이 내 아이의 급하고 무심한 성격을 감싸 안을 것이라는 확신으로 그동안 가졌던 불만은 차츰 치유되고 있다.

나이를 먹는다는 건 그만큼의 책임과 지혜를 동반하는 것인가 보다. 자식이 내 곁을 떠난다는 것이 기정사실화되고부터 그것에 대한 부담 때문인지 며칠째 마음고생을 하고 있다. 그러나 마음을 바꿔 돌아보니 고개가 끄떡여지는 어머니의 말씀이 있었다. 모든 걸 비우라신다. 욕심을 버리고 마음을 비우면 된다는 것이다.

-〈비운다는 것은〉에서

성장한 딸아이가 가정을 이루어 떠나게 되었다. 문득 떠나보낸다는 데에서 지난날의 기억은 주마등처럼 스쳐간다. 여자로 태어나서 푸대접을 받았다고 항변하던 아이. 남아선호 사상이 당연시되던 시절에 딸아이가 겪어야 했던 마음의 상처를 헤아려본다. 여자로서의 한스러움이 자신의 대에 멈추기를 바라나 그렇게 되지 않고 딸에게 이어짐을 알아차린다.

작가는 자신이 살아온 세상, 즉 여자로 살며, 참기만 했던 시절의 아픔이 딸에게만은 전수되지 않기를 소망한다. 그러면서도 작가는 자신의 영토는 굳건히 지킨다. 남자를 바라보는 시각도 지키고 있고, 여자로 살아가야 하는 길도 변함없이 지켜 나간다. 비록 자신의 딸들이 자기처럼 되지 않기를 소망하면서도 자신은 그 늪지에서 벗어날 생각을 미처 하지 못하고 있다.

딸아이에 대한 애정을 비우고, 남자에 대한 고정 관념도 비운다. 예비사위를 보면서 가장의 됨됨이를 떠올려 마음속으로 평가하지만, 종내에는 긍정 평가로 방향 전환을 하며 모든 것은 생각하기 나름이라는 빌미로 자기합리화에 들어간다. 하지만, 속내는 전혀 다르다. 딸자식을 둔 자의 한발 물러선 모습이 확연히 드러나고 있다.

바로 작가가 변화에 동참하려 해도 무너지지 않는 성벽에 맞닥뜨리고 마는 것은 그의 내부에 용납할 수 없는 성이 버티고 있기 때문이다.

> 운동이다. 아들과 약속했다. 자기는 군대 가서 멋진 몸매를 만들어 올 것이니, 엄마도 건강하게 자리를 지켜야 한다고.
>
> 아들과 함께 걸었던 운동장으로 간다. 저만큼 또래의 아이들이 무리 지어 운동하는 것이 보인다. 가슴이 철렁 내려앉는다. 꼭 우리 아이와 같은 모습이다. 모자를 쓴 것도 적당히 펑퍼짐한 바지도 우리 애가 운동하러 갈 때의 모습과 같다. 아니다. 요즘에 저런 모습의 젊은이는 대부분이다. 그 역시 어미의 착각이었다.
>
> 어쩌면 좋은가. 계속 이렇게 살 수는 없지 않은가. 이십이 개월이나 되는 시간을 어떻게 살아내야 하는지 방법이 없다. 순간 지인의 충고를 떠올린다. 다들 보내는 군대인데 왜 그러느냐. 자기는 아들 하나 군에 보냈지만, 두 명 세 명씩 군대에 보내놓고도 의젓하

게 기다리는 부모가 대한민국엔 얼마든지 있다. 그분들이 알면 얼마나 흉을 보겠느냐. 그만 좀 해라.

따끔한 일침이다. 그렇다. 정말 그분들에겐 미안한 일이다. 그런데 어쩌면 좋은가. 지금 누군가 내게 가장 간절한 소망이 무엇이냐 묻는다면, 딱 한번 아들의 목소리를 듣는 것이라 대답할 것이다.

-〈그리움〉에서

사람 간의 정 중에서 혈연의 정만큼 아린 것이 또 있을까. 귀하게 얻어 키운 아들을 군으로 떠나보내는 어미의 마음이 그려져 있다. 이때만큼 자신의 행동을 흔들림 없이 통제하기 어려운 때가 또 있을까. 아들을 군에 떠나보내야 하는 어미의 마음은 모성으로 무장한다. 어미가 되어 눈물을 보이면 아이에게 좋지 않다 하여 하늘로 울음을 날린다. 나 혼자 겪는 일이 아니라며 유별난 모정을 질타하기도 한다.

아들이 떠난 텅 빈 집안. 아들의 방에서는 찬바람이 일고, 허전하기가 이루 말할 수 없어도 작가 자신은 스스로 다짐을 하며 마음으로 추스른다. 이 아들 방에는 내 아들이 분명 있다고 최면을 건다. 자기 스스로의 세계를 지키기 위한 몸부림이다.

군대로 떠난 아들과 한 약속을 지키는 것도, 어찌 보면 작가의 성 지키기이다. 아들은 멋진 몸매로 돌아오고, 자신은 그때까지 건강하게 자리를 지키기로 한 약속이다. 운동을 하러 나갔다가도 운동장에서 아들의 환영과 만난다. 이모저모 아들과 같았던 사내는 그녀에게 실망만 안겨준다. 착각에 빠졌던 작가는 정신을 수습하며 '요즘에 저런 모습의 젊은이가 대부분이다.'며 자신의 착각을 두둔한다. 그리고 바로 성 지키기에 들어간다. 모성으로 빌미를 대며 진정으로 자식을 사랑하는 어미의 모습으로 돌아가는 것이다.

만들어진 성城은 지켜야 한다. 힘겹게 자신의 내부에 쌓아 놓은 성을 지켜내야 한다. 부모로서의 성, 여인으로서의 성, 아내로서의 성, 한국의 여성으로서의 성, 이 모두는 삶 속에 무르녹아 있어서 작가의 수필세계를 명료하게 드러내 보여주고 있다.

4. 성주城主 노릇하기

자신 스스로 성城을 쌓기도 어려운 일이지만, 그 성을 지키면서 성주城主 노릇을 한다는 것도 그리 만만한 일은 아니다. 여러 가지 상황은 성주에게 편안한 안식만을 제공하지 않기 때문이다. 바뀌는 상황마다 대응방법이 달라야 하고, 정확한 상황 인식이 필요하다. 그리고 가장 중요한 것은 성주는 성안의 주인이기에 성안에서 벌어지는 것들의 의미에 남다른 관심을 가져야 한다. 제 안의 상황을 정확히 파악하는 것도 중요하지만, 그 본질을 찾아 대처하지 않으면 안 된다. 자신의 세계를 온전히 간직하기 위한 부단한 노력이 필요하다.

함께 어우러져 돌아가는 대로 돌아가도록 방치하는 입장이라면 별문제가 없겠으나, 굳이 성주로 자신의 세계를 움켜잡고 있으려면 그만한 고통이 따르기 마련이다. 작가 박은희는 그 역할을 자임하고 스스로 한 세계를 통솔하는 데에 정열을 쏟고 있다.

> 그거였다. 내가 그동안 마음속에 담아 놓고 염려했던 일이다. 오물을 치우는 것도, 집안을 헤집고 다니는 것도 살아있는 생명으로 생각하면 문제가 되지 않는다. 단지 언젠가 내 곁을 떠날 것이란 불안감이 나를 힘들게 했다. 갑작스런 어머니와의 이별을 경험한 나로서는 아이들이 메리와 정드는 것을 막아야 했기 때문이다. 언젠가 아이들이 받게 될 상처를 미리 예방하려면 어미로서 당연한 일이었다.
>
> 나라고 마음이 편한 것은 아니었다. 그런 죄책감에 아이들의 원망도 달게 받았다. 또한 동물은 사람을 배신하지 않는다던 수의사의 말이, 사람처럼 모진 동물이 없다는 말로 들려서 부끄럽기도 했다. 머릿속에선 다 알 것 같은 모든 상황이 감정 속에 들어가면 말끔히 사라져버리니 어쩌면 좋은가. 오늘도 아이들에게 나의 생각을 주입시키려는 나를 발견하고 멈칫 말을 아낀다.
>
> -〈예방접종〉에서

〈예방접종〉에서는 기르던 개가 늙어 이 세상을 떠날 때에 그것을 지켜봐야 하는 가족들의 고통을 미리 없애기 위해 개를 떠나보내는 이야기다. 상당히 이기적인 성주이다. 그동안 기르며 나눈 정은 성주의 결심에 따라 허접한 것이 되고 만다. 그렇게 내치었다 하여 마음까지 편안한 건 아니다. 보낸 개가 가서 적응하지 못하고 힘들어 한다는 소식을 접할 때마다 심한 갈등과 후회를 만나게 된다.

떠나보낸 개가 제대로 적응하지 못하고, 질병까지 얻어 죽어가고 있다는 소식에 아이들은 걱정이 태산이고, 그것을 입원시키기 위해 부모 몰래 돈까지 마련하느라 안달이다. 그것을 알아챈 성주는 끝내 아이들의 절망을 미연에 제거한다는 미명 아래 단호하다. 스스로 모질다는 생각을 하나 전혀 굽히진 않는다. 성주가 성을 지키기는 완강했어도 개가 죽을지도 모른다는 이야기에서 작가는 인간으로 되돌아온다. 개의 발병이 자신의 책임인 것 같다고 후회하면서도 그러나 그는 자신의 성을 철옹성으로 쌓는다.

이 작품에서 보듯 그토록 모질음 뒤에는 언제나 모성이 똬리를 틀고 있다. 모든 행동의 기저에는 자식을 사랑하는 어미의 끝없는 사랑이 행동을 좌지우지하고 있는 것이다. 하지만 그 모성이 진정 최선의 길이었는가 하는 문제는 차치하고, 내려진 결론에는 요지부동인 성주임에는 틀림없다. 그러면서도 과감한 변화는 결코 나타나지 않고, 갈등과 후회에서 멈춘다. 후회는 뒤의 변화를 요구하지만 그 효과가 별로 없음이 특이하다.

> 외출의 제약이 그것이다. 남편의 바람대로 가족들이 집에 있을 때 나가는 일을 삼갔다. 밤에는 더욱 그랬다. 주부가 해 떨어진 시

각 집을 비우는 것이 용납되지 않는 남편의 소망대로 난 그 기준에 맞춰 사는 데 익숙해졌다.

달라져야 한다. 아니 이전과는 달라졌다. 지난가을 병원에 다녀온 후로 마음속 파문을 일으킨 것이다. 잠깐 동안이었지만 생사의 길에 서서 나 자신을 돌아보는 시간이었다. 처음으로 살아 있음의 소중함을 깨달은 셈이다.

자유로워진 외출이 부자연스럽다. 겉으로는 반란을 일으켰지만 마음속 내면까지 동조하기는 어려운가 보다. 우선 불편한 게 많다. 낮에 보았던 거리가 밤에는 달라져 있으니 길을 분간하지 못하겠고 익숙지 못한 바깥에서의 식사도 편치 않다. 맛있게 먹어야 할 음식이 언제 일어서야 예의에 어긋나지 않는지를 걱정하느라 양이 줄어들지 않고 있다.

현관에 들어서면서 가족들의 얼굴을 살핀다. 모두가 평안하다. 아이들은 그렇다 치고 남편도 하던 일을 계속하느라 쳐다보지 않는다. 싱거운 귀환이다.

-〈급체〉에서

같은 소재를 가지고 글을 써도 작가의 소재 수용자세에 따라 엄청난 차이를 수반한다. 오랜만의 외출에서도 늘 여자이기를 고집한다. 참고 인내하는 삶이 오히려 자신에게 편안하다고 생각한다. 또 모든 사람들이 그럴 것이라는 판단 하에, 자신이 아주 원만하고 평범하고 정상적인 삶을 꾸린다고 생각하고 있다.

그러나 지난가을 병원에 다녀온 후로 자기 스스로 달라져야 한다는 욕망에 빠진다. 잠시 동안이지만, 생사의 기로에 서서 자신을 돌아볼 기회를 가진 뒤로 얻은 변화의식이다. 그러나 역시 행동으로 옮기진 못하고, 마음속 내면까지 동조하기는 어렵다고 실토하고 만다. 낮과는 다르게 다가서는 밤거리를 겁내고, 익숙지 못한 곳에서의 식사를 꺼려하고, 결국은 변화를 쫓기보다는 현실에 안주하고 마는 것이다.

모임에서 돌아와 배가 뒤틀려 고생한다. 불안한 마음으로 한 식사이니 급체하여 속이 편할 리 없다. 일상에서 수시로 접하게 되는 배앓이. 여기서도 작가는 그 원인을 남편에게서 찾는다. 남편이 배려하여 나갔으면 편히 지내다 올 일이지 소심한 성격 탓을 한다. 그러나 작가는 '이게 다 누구 탓이냐'고 항변하려다 만다. 역시 그럼으로써 작가는 영원한 이곳의 성주가 될 수 있는 것이다. 참으로 작가 박은희는 성실한 이곳의 성주이다.

> 애써 설명을 했는데도 안 되겠다는 나를 의아하게 쳐다보는 직원의 표정이 떨떠름하다. 번호 이동에 큰 의미를 부여할 만한 사업가도 아니면서 깐깐하게 구는 내 사고가 이해할 수 없다는 듯, 대리점 문을 나서는 나를 그는 더 이상 붙잡지 않았다. 내리쬐는 햇볕만큼이나 뒤통수가 따갑다.
>
> 남들은 모른다. 내가 그들에게 털어놓을 수 없는 마음속 응어리가 있다는 것을. 이제는 옛날이야기가 되어버린 그날의 약속을 아이도 잊지 않았을 것이고, 나는 그 믿음으로 몇 년째 소식을 기다리

고 있다. 엄마를 잃은 가엾은 아이에게 엄마 대신 나를 찾으라고 일러준 번호가 아닌가. 아무리 조건이 파격적이고 다들 공짜로 전화기를 교환한다지만 내가 그럴 수 없는 이유이다.

-〈기다림〉에서

성별이 다른 두 남녀가 만나 부부를 이루어 사는 가정은 하나의 성곽임에 틀림없다. 배타적 2인 거주가 결혼의 보편적 형태인 사회에서는 다른 사람의 침입을 거부한다. 두 부부의 행복을 위해서는 온전히 간직할 울타리가 필요하다. 그게 바로 그들만의 성이다.

그 성 안에서 일어나는 일들은 철저하게 보호받고 겉으로 드러나기를 꺼려한다. 밖에 있는 사람도 그 안의 세계에 대해 궁금하더라도 감히 들여다볼 용기를 내지 못한다. 최소한의 예의로 인식하기 때문이다. 그렇게 덮어두려 하지만, 사실 그 안에서는 큼직한 일이 벌어지기도 한다.

〈기다림〉에서는 친구 부부의 가정 이야기가 화두이다. 둘의 갈등이 심하더라도 이혼만은 안 된다는 생각이 깔려 있다. 이게 우리나라 가정이 가지고 있는 변치 않는 성곽이다. 자녀들의 불행을 막기 위해서라도 이혼만은 안 된다는 성을 견고하게 구축해 놓았다. 성은 거주자를 보호하기도 하지만, 더러는 그 안에서 무서운 증오의 싹이 터 죽음을 잉태하는 것을 방치하기도 한다.

성 안에서의 불화로 죽음과 옥살이로 갈라선 친구 가정의 딸아이를 바라보면서 작가는 선뜻 돌볼 용기를 내지 못한다. 살아가면서 어려움이 있거든 찾아오라며 전화번호를 적어준 것이 고작이다.

이 글은 그 아이가 찾아올 때의 편리를 위해 전화번호를 바꾸지 못하는 이야기다. 그 심정으로 작가는 자신의 성을 지키는 성주가 된다. 적극적이지 못한 이 성주의 노릇은 전혀 이상하지 않다. 지금까지의 성주 노릇과 차이가 없기에 독자는 고개를 끄덕일 수 있다.

철저하게 자기의 세계를 구축해 놓고, 그 안에서 온몸으로 변화를 막으며 한결같이 살아가는 작가의 모습을 만날 수 있다. 나름은 그 성 안에서 주인으로서 살아가는 철학이 있다. 그것의 가치는 독자에 따라 다르게 내려진다 해도 적어도 작가에게 있어서는 커다란 의미를 함유하고 있는 것이다. 이러한 자긍심이 있기에 나름 떳떳하게 성주 노릇을 철저히 하고 있다고 볼 수 있다.

5. 나가면서

작가 박은희의 수필세계는 비전환적 세계의 이탈을 거부한다. 작가는 굳이 자신의 모습을 치장하기 위해 상상의 욕구마저 동원하려 하지 않는다. 있는 그대로의 모습으로 독자들 앞에 나서기를 자처한다.

이것은 수필이 태생적으로 작가의 삶에 발을 담그고, 그곳에서 소재를 선택하여 문학적 소재로 담금질을 해내는 것이라는 특성에 천착한 결과 얻어진 것이라 믿는다. 어느 하나 작가의 삶에서 이탈하여 얻어낸 것이 없다. 철저하게 작가의 삶에서 건져 올린 것들이다. 비록 작은 소재라 해도 작가는 그것에 커다란 의미를 부여하여 하나의 메시지를 얻어낸다.

박은희의 수필세계는 작가의 삶 자체이다. 왜냐하면 그는 자신의 삶을 온전히 간직하기 위해 부단히 성을 쌓고, 그 성을 지키며, 그 안에서 성주 노릇하기에 전념하기 때문이다. 전 작품 속에서 자신의 선택에 갈등하고 후회하고 좌절하고 절망하는 모습이 펼쳐지는 것은 나름 자기의 삶에 대한 애정의 표현이기도 하다. 그래서 수필은 작가라는 답을 쉽게 얻어낼 수 있다.

박은희에 있어서 성을 옹립할 수 있는 힘은 모성과 온전한 가정의 평화이다. 이 두 모태에서 발현되는 힘은 다른 어떤 것으로도 무너뜨릴 수가 없다. 이것은 모든 사고의 기저에 깔려 있어서 판단의 기준이 된다.

박은희 수필세계가 언제나 가정 안에서 둥지를 트는 연유가 여기에 있다. 하나의 일목요연한 세계를 보여준다고도 할 수 있지만, 너무나 한정된 세계에 머물다 보니, 독자들의 시선이 느슨해지기도 한다. 작가는 독자들의 눈빛 속에서 번뜩이는 새로움에 대한 욕망의 빛을 못 본 체해서는 안 된다. 앞으로 시선을 돌려 가정 밖으로 여행을 한다면 어떤 모습으로 탈바꿈이 될까, 궁금해하면서 또 그런 기회가 주어지기를 기대해 본다.

박은희 수필집
비운다는 것은

인 쇄 / 2013년 1월 21일
발 행 / 2013년 1월 25일

지 은 이 / 박 은 희
발 행 인 / 서 정 환
발 행 처 / 수필과비평사

출판등록 / 1984년 8월 17일 제28호
주 소 / 서울시 종로구 익선동 30-6
운현신화타워 빌딩 3층 305호
전 화 / (02) 3675-5633, (063) 275-4000
팩 스 / (063) 274-3131
E - mail / essay321@hanmail.net

값 12,000원

ISBN 978-89-98524-15-9 03810